JN123972

車椅子ケンイチの
福岡近郊
古墳案内

吉田　稔

海鳥社

はじめに

　「『神宿る島』宗像・沖ノ島と関連遺産群」の世界遺産登録が決定した平成29（2017）年7月9日、ケンイチは、誤嚥性肺炎で福岡病院に入院していました。1月末を初めとして、その年に入って3度目の入院でした。2度目の時、また同じことになったら誤嚥を防ぐために経管栄養のチューブを入れるしかないと言われていました。普段でも緊張して体や頭を突っ張らせるのに、チューブを入れて世話ができるだろうか。父親の私は、不安な気持ちでいっぱいでした。その気持ちを病院の先生に伝えると、ひとまず経管栄養や気管切開などの医療的措置は回避し、できるだけ誤嚥しない食事摂取に取り組むという条件で、1週間後に退院を許されました。

　以前ケンイチは、噛むことはできないものの、養護学校（現在の特別支援学校）時代からいわゆる「きざみ食」を食べていました。家でも私が咀嚼して食べさせていたため、家族と同じものを食べていました。外食もできていました。しかし、1月末の入院以降、食べられるものは限られ、結果的にムース状の介護食とゼリー類だけになりました。また、喉に痰や食べ残しがあると誤嚥を引き起こしやすいため、吸引器での痰の吸引が必要となりました。この結果、養護学校卒業以来通っていた施設への通所も体力的に無理となり、やめることになりました。

　母親は、股関節の炎症でほとんど歩けなくなっていたため、前の年に人工股関節に取り換える手術をしました。手術は左右に分けて行うため、リハビリを含めて半年近く入院が必要でした。私は、まだ年金支給年齢に達していませんでしたが、家事とケンイチの介護のために定年で退職しました。今考えると、ケンイチの状態もよくはなく、咳込むことが多くなってきていました。母親が歩けるようになるまで、発病せず頑張っていたのかもしれません。

　ケンイチの誤嚥性肺炎は翌平成30年まで続き、ついに7月には九州大学病院で喉頭気管分離の手術と胃ろう造設の手術を受けました。毎月のように肺炎を起こす生活は、私たち家族を不安にしていました。耐性菌ができて抗生

剤の効果がなくなっていくことも恐れました。今回、転院した福岡病院を合わせた入院は5週間におよび、1年半続いた肺炎との戦いは、ひとまず一段落しました。

　ケンイチは、養護学校の高等部に入学（平成16年）した頃から十数年間、私と福岡近郊の遺跡巡りをしていました。退職した私は、家事や介護の合間にその写真データを整理し、当時を思い出して簡単な説明を加えました。その数は200か所以上に上りました。遺跡や古墳というと、何か障害者には無縁のように思われますが、行ける所も結構あるのです。考えてみると、主に古墳に行くようになったきっかけは、宮地嶽神社の奥の宮まで車椅子を押し、宮地嶽古墳の石室に入ったことでした。これくらいのことならケンイチでもできる。行ける所を探してみようという気になりました。また、写真にして学校に持たせれば、先生が話題にしてくれる。記憶力がおぼつかないケンイチでも確認できるのではないかと考えたのでした。私たちは、世界遺産に登録された新原（しんばる）・奴山（ぬやま）古墳群にも何度か訪れました。宗像方面の山道から玄界灘を見下ろすと、点在する古墳の先に大島が見え、印象深い風景でした。

　今後のケンイチの生活は、外出は限られ、病院や介護施設などとの付き合いが深まっていくことでしょう。それはそれとして、楽しいこともあると思います。ただし、元気に古墳を巡っていた時が最も輝いており、人生の大切な思い出であったと思います。その「あかし」として、この本を作ろうと考えました。同様に障害を持っている方々もこれを参考に、色々な場所を訪ねていただければと思います。

　この本を書いたもう1つの目的は、ケンイチの誕生から闘病までを振り返ることでした。巻末の「おわりに ──ケンイチのこと」で詳しく書いていますので、一人の障害者の記録としてお読みいただければ幸いです。

　古墳を探すにあたって、最初のうちは博物館や郷土資料館などのパンフレットを参考にしていました。どこに古墳などの遺跡があり、どのような状態で見学できるかがわかるからです。やがて、次に行く場所を探す手段として、ウェブサイトを利用することが多くなりました。最近は、とても詳細なブログなどがあります。巻末の参考資料に紹介していますので、古墳を調べ

る際は利用してみてください。近年は、自治体のHP（ホームページ）の中でも文化財を紹介するコーナーが増えています。

　この本で取り上げている古墳などのデータは、色々な資料を参考にしたもので、必ずしも最新の調査に基づくものではありません。大きさなどのイメージをつかんでいただくための参考と考えてください。また、古墳に関するコメントも素人の考えですので、学術的な不備はご容赦ください。

　そもそも、これほど身近に、たくさんの古墳があるとは思っていませんでした。探せば次々と行く場所が増えていきました。そうするうちに、現状で実際に見ることができるのはごく一部だとわかってきました。自治体などが発行している調査報告書には、たくさんの遺跡・古墳の記録があり、多くは調査後に埋め戻されています。また、宅地開発や道路建設により、新たに発見されるものもあります。1,500年前後も昔の息遣いが感じられる不思議な空間が、古墳にはあります。おそらくケンイチも、それを感じ取っていたように思います。

　なお、古墳の前で簡単に写っているようでも、車椅子をセッティングした後で本人を座らせている場合もあります。身障者の方が実際に行かれる場合は、必ず下調べをして付き添いの方と一緒にお出かけください。また、人が住んでいない古墳は、カーナビなどの住所検索では探せないことがありますし、自治体の地番表示では混乱することもあります。この本では、わかりにくい場所の場合は、公共施設や店舗など目印となる住所のあとに大まかな方角や距離を付けています。ただ、最近の地図検索サイトでは、古墳名だけでもGPSデータに基づいて正確な位置が示されることも増えました。このような場合は、細かな番地を省きました。また、航空写真だと墳丘や保存施設がはっきり写っていることもあります。

　古墳の専門的な知識については、参考資料にあげている吉村靖徳氏の『九州の古墳』（海鳥社）をお読みください。冒頭の総説や巻末の古墳見学のポイント、古墳用語集など、初心者にもわかりやすい内容の本です。

ケンイチの父　吉田　稔

目　次

筑紫・朝倉の古墳

糟屋・宗像の古墳

京築の古墳

筑豊の古墳

筑後の古墳

福岡県外の古墳

福岡の古墳

東光寺剣塚古墳の説明板　　　　　　　東光寺剣塚古墳石室入口

001 | 東光寺剣塚古墳 とうこうじけんづかこふん
福岡市博多区竹下３－１－１

　東光寺剣塚古墳は、JR竹下駅前のアサヒビール工場敷地内にある古墳です。6世紀中頃築造の墳長75ｍの前方後円墳で、3重の周溝を持ち、外縁全長は推定126ｍですが、すべて造られていたかは不明のようです。トラックが出入りする工場北側の門の守衛室で申し出れば、見学ができます。周堤部の南東側には造出があり、人物、馬などの形象埴輪が立っていたとされます。後円部南側には、複式の横穴式石室があり、後室には石屋形の石棺が置かれています。石屋形の上には、今も祭壇が設けられています。東南約500ｍにある那珂八幡古墳とともに那珂川下流の重要古墳です。

　東光寺剣塚古墳の北に隣接して、推定墳長30ｍ以上の前方後円墳（剣塚北古墳）があったとされますが、消滅しており、跡地に社が祀られています。

002 | 那珂八幡古墳 なかはちまんこふん
福岡市博多区那珂１－44－6

　那珂八幡古墳は、JR竹下駅から北東約400ｍにある墳長86ｍの前方後円墳です。三角縁神獣鏡が出土しており、九州最古級の古墳とされます。以

那珂八幡宮（古墳の後円部が境内）　　　　那珂八幡宮拝殿に掲げられた絵馬

前は墳長75mとされ、後円部の直径と前方部の長さの比率が２：１の「纏向
型」とされていました。しかし、平成30（2018）年度の前方部の再調査で長
さが修正された結果、８：５の北部九州に多い類型とわかり、この墳丘規格
の祖型と考えられるようになりました（平成31年２月19日現地説明会資料よ
り）。

　この古墳の後円部全体が那珂八幡宮の境内となっており、墳頂に建つ拝殿
には、立派な絵馬が毎年奉納されています。

003 | 今里不動古墳 いまさとふどうこふん
福岡市博多区金の隈３−16−９

　今里不動古墳は、大きな両袖型の複式横穴式石室を持つ直径34mの円墳で
す。後室の奥壁に不動明王が彫られており、現在はそれを祀る祠として石室
が利用されています。管理する地域の人たちが利用するため、羨道の前に小
屋が建てられています。羨道の先の前室から後室に入る袖石を枠にする形で、
木の扉がきれいに建付けられており、後室があたかも不動明王の祭壇を祀る
お堂の役割を果たしています。石室の全長は11.2mで、電球もありますが、
目が慣れないと暗く感じます。古墳への正式な入口は細い道を下って行かな
ければなりませんが、手前の工場の敷地からも入れます。体が不自由な方は、
許可をもらってそちらから入れてもらう方がいいでしょう。

今里不動古墳石室（後室から入口方向）　　今里不動古墳後室（奥壁に不動明王）

004 | 博多1号墳 はかたいちごうふん
福岡市博多区御供所町1-1

　博多1号墳は、大博通り沿いにあったとされる、墳長約60～70mの前方後円墳です。ビル建設に伴う昭和60（1985）年からの発掘調査で、前方後円墳の形状に沿って葺石が残っていたことや、わずかながら埴輪などが出土したことから、その存在が確認されました。現在は西鉄祇園ビルと博多セントラルビルが建ち、古墳があったことを示すものは何も残っていません。

　この古墳は、残存していた葺石の配列から、同じ福岡平野では那珂八幡古

博多1号墳の跡に立つ西鉄祇園ビル　　　「歴史の散歩道」の説明板にある
　　　　　　　　　　　　　　　　　　　　博多1号墳の平面図

墳、老司古墳に匹敵する規模で、４世紀末〜５世紀前半（古墳時代中期）の築造と考えられています。博多駅前から続く大博通り沿いの歩道に、「大博通り　歴史の散歩道」という名前で、歴史的文物のタイル製の説明板が並んでいます。その古墳時代の説明板に、前方後円墳の平面図として示されているものが、この博多１号墳です。

005 ｜ 宮前古墳群 みやまえこふんぐん
福岡市東区高美台２−25

　宮前古墳群は、福岡市東区の大神神社境内および北側の高美台南公園内に分布する３基の円墳群です。昭和45（1970）年に、高美台団地造成に伴い調査が行われています。神社拝殿の西にある１号墳は、横穴式石室の玄室が残っていますが、北側の２号墳は埋め戻されて形をとどめていません。また、高美台南公園にある３号墳は、直径20ｍの円墳で、全長7.3ｍの横穴式石室を持ち、同古墳群では最古の６世紀末の築造と推定されています。高美台地区には、猿の塚、高見、宮前などの古墳群に９基の古墳があったとされています。三角縁神獣鏡が出土している名島古墳や香住ヶ丘古墳など、東区には重要な古墳がありましたが、ほとんどが消滅しています。

大神神社境内にある宮前１号墳

高美台南公園内にある宮前３号墳

大平寺6号墳の石室前　　　　　　　　大平寺6号墳の石室内

006 ｜ 大平寺古墳群 たいへいじこふんぐん
福岡市南区大平寺2－1

　福岡市南区の大平寺交差点から南西方向に向かうと、すぐ左側に大平寺観音堂があり、「大平寺」の名前の由来を記した市の説明板があります。その先の坂道をまっすぐ進むと、ため池（源蔵池）の横の大平寺緑地に着きます。保全地区の説明板によると、7つの古墳があるとされており、そのうちの6号墳の石室内には2体の石仏があって、今でも観音信仰が続いています。古墳自体は未調査です。現在住宅地となっている南側では、発掘調査が行われており、6世紀後半から9世紀前半におよぶ掘立柱建物群が見つかっています（大平寺遺跡群）。

007 ｜ 寺塚穴観音古墳 てらづかあなかんのんこふん
福岡市南区寺塚2－22－11

　寺塚穴観音古墳は、福岡市南区寺塚の興宗寺という禅寺の境内にある、推定で直径20ｍの円墳です。横穴式石室の奥壁には、阿弥陀如来、勢至菩薩、観音菩薩が彫られており、これが名前の由来となっています。また、興宗寺には赤穂浪士を顕彰して、泉岳寺（東京都港区）にあるものとそっくりの墓

左：寺塚穴観音古墳に続く石段
右上：寺塚穴観音古墳の石室入口
右下：赤穂四十七義士の墓

地が造られており、毎年12月14日には、義士祭が行われます。

　『筑前国続風土記』巻６の高宮岩屋の項には、「興宗寺　曹洞宗」の割注があり、「２代福岡藩主黒田忠之が、この観音に祈る際に拝屋を建てたが壊れたため、元禄６年に長圓寺の住職湛堂和尚が修理し、石段の下に補蛇山興宗寺を建てた」と記されています。また、次の「百塚」の項には、この観音の西北の高い所に多くの「穴」があり、福岡城築城の際に石を取ったため崩れているものが多く、平尾山にも昔から「石の窟」が多かったが、同様に福岡城の石垣を築く時に取ったため崩れたらしい、とされています。この「穴」や「窟」が古墳であることは明らかで、おそらく古墳時代後期の群集墳が、現在の平尾霊園から鴻巣山にかけて広がっていたものと思われます。古墳の石が城の石垣に使われた例は、全国に多く見られます。寺塚穴観音にまつわる話の中には、黒田長政の夢枕に観音様が現れたために発見されたとか、福岡城からの抜け道がここまで続いている、などというものもあります。これらは『筑前国続風土記』の話に尾ひれがついたもののようです。

008 | 老司古墳 ろうじこふん
福岡市南区老司 4 −20− 1

老司古墳の石碑と説明板

老司古墳は、福岡市南区老司に
ある墳長76mの前方後円墳（5世
紀初築造）です。ただし、福岡少
年院の敷地内にあり、金網の柵に
隔たれて見学はできません。少年
院の西にある中村病院の入口付近
に石碑と案内板があります。九州
大学の考古学研究室によって発掘
調査が行われ、後円部に3基と前
方部に1基の石室が見つかっています。これらは、竪穴式石室に追葬ができ
る工夫を施した竪穴系横口式石室（横穴式石室の初期段階）とされ、石室内
から三角縁神獣鏡を含む10枚の銅鏡や9体以上の人骨が出土しています。
なお、中村病院の金網柵には、病院の建設によって消滅した卯内尺古墳の
説明板も掛かっています。

　周辺には遺跡が多く、少年院の入口付近には、観世音寺の創建瓦を焼いた
とされる老司瓦窯跡と老松神社古墳があります。老松神社古墳は、老松神
社の裏山にあり、箱形石棺を埋葬施設とする円墳とされていますが、現状で
は墳形を認めることはできません。

009 | 梅林古墳 うめばやしこふん
福岡市城南区梅林 5 −42

　梅林古墳は、福岡市城南区梅林にある推定墳長27mの前方後円墳で、市営
梅林第1住宅第1棟と第2棟の間にあります。墳丘の両端と東側が削平され
ていましたが、市営住宅開発に伴う発掘調査で、後円部中央に横穴式石室

（両袖式単室）が見つかり、石室の中から鉄製品や鞍金具、玉類、土器類などが出土しました。築造時期は、墳形や出土品などから5世紀後半頃と考えられています。現在は団地のシンボルとして、石室を埋め戻した上、墳丘を復元して公園となっています。油山山麓や、室見川中流域には多くの古墳

梅林古墳墳丘

があったとされますが、その多くが消滅しています。その意味で、この古墳は貴重な復元古墳となっています。

010 | 今宿大塚古墳 いまじゅくおおつかこふん
福岡市西区今宿西1－26

　今宿大塚古墳は、福岡市西区にある今宿古墳群の1つで、墳長64mの前方後円墳です。盾形の周溝の周りには、2重の周堤が巡らされており、それを含めた全長は約100mになります。周溝から円筒および朝顔形の埴輪のほか、武人や馬などの形象（けいしょう）埴輪が出土しています。後円部の南東に石室の開口部があるように見えますが、未調査です。福岡・前原有料道路の整備や周囲の

今宿大塚古墳（前方部側より）

今宿大塚古墳（後円部側より）

大規模な区画整理によって、どの方角からも墳形を確認することができるようになりました。周溝・周堤を含めて、典型的な前方後円墳の学習ができる古墳です。

　今宿古墳群というのは、高祖山北麓に分布する320基以上を数える古墳群の総称です。そのうち、古墳時代前期（４世紀前半）から後期（６世紀後半）にかけての首長墓と考えられる前方後円墳が13基あり、８基には次のような変遷があったとされています（福岡市博物館 HP・アーカイブズ・企画展示・№.104「福岡の前方後円墳──今宿古墳群」より）。

山ノ鼻１号墳 [４世紀前半] →若八幡宮古墳 [４世紀後半]
→鋤崎古墳 [４世紀末～５世紀初] →丸隈山古墳 [５世紀前半]
→兜塚古墳 [５世紀後半] →飯氏二塚古墳 [６世紀初]
→今宿大塚古墳 [６世紀前半] →谷上 B −１号墳 [６世紀中頃]

　このうち鋤崎古墳（墳長62m）は、老司古墳と同時期の竪穴系横口式石室を持つ古墳として、福岡市博物館に原寸大のレプリカが展示されています。このように今宿古墳群は、首長墓の系譜をたどれる古墳群でもあります。

011 ｜ 山ノ鼻１号墳 やまのはないちごうふん
｜ 福岡市西区徳永北１

　山の鼻１号墳は、墳長44mの前方後円墳で、今宿古墳群の中で最古（４世

山の鼻１号墳の表示板（奥が墳丘）

扁平なまま復元された山の鼻１号墳

紀前半）の古墳とされています。現在、JR筑肥線の九大学研都市駅前の整備事業によって復元され、公園の一部となっています。ただ、墳丘は明治初期の宮崎安貞顕彰碑や、戦時中の高射砲陣地の建設によって削平されていたため、扁平な墳形のまま復元されています。誤解を防ぐためにも、何らかの形で、想定される築造時の姿を示してほしかったと思います。

012 │ 若八幡宮古墳 わかはちまんぐうこふん
福岡市西区徳永307

　若八幡宮古墳は、西区にある今宿古墳群の1つで、墳長47mの前方後円墳です。今宿バイパス徳永東交差点南東の小高い丘の上に若八幡宮の社殿があり、古墳はその社殿の裏にあります。写真に見える小さな社の奥が後円部で、その墳頂部から上下に重なる2基の舟形木棺が見つかり、副葬品が納め

若八幡宮境内（裏が古墳）

られていました。4世紀後半の築造とされ、三角縁神獣鏡や鉄製環頭大刀などが出土しています。社殿へは、鳥居から石段を上る道のほか、コンクリートの坂道もありますが、かなり急です。

013 │ 丸隈山古墳 まるくまやまこふん
福岡市西区周船寺252

　丸隈山古墳は、福岡市西区周船寺にある前方後円墳です。推定墳長は84.6mと大きく、墳形はほとんどわかりません。県道561号線沿いに説明板があり、前方部へ続く石段があります。現状では、前方部は削平されて広場となっており、その先の後円部中央部分に、2基並列の組合式箱式石棺が納め

丸隈山古墳の箱式石棺

られた石室があります。石室は幅2.4m、長さ4m、高さ2mで、壁は平たく打ち割った玄武岩で小口（ぐちづ）積みされて、赤色顔料が塗られています。格子状の扉で閉じられてはいますが、石室内を直接見ることができます。石室の東に観音堂があり、毎年8月17日には、広場で観世音大祭と奉納花火大会が開催されています。車椅子で石室まで行くのは、難しいです。

014 飯氏二塚古墳・兜塚古墳
いいじふたつかこふん・かぶとづかこふん
福岡市西区飯氏・同左

　飯氏二塚古墳は、福岡市西区飯氏にある墳長49.6mの前方後円墳です。県立筑前高校から北約500mの森の中にあり、墳形はかなり崩れています。6世紀初の築造で、横穴式石室は破壊されていましたが、ガラス製の玉や馬具などが出土しています。

　兜塚古墳は、飯氏二塚古墳の東約200mにあります。以前は円墳と考えられていましたが、調査により、後円部の直径が約43mで、墳長53m以上の帆（ほ）立貝式前方後円墳とわかりました。後円部は2段築成で、葺石が施されていました。後円部にある横穴式石室は、江戸時代の盗掘により入口部分が破壊されています。石室の全長は4.4mで短い羨道（せんどう）が付き、床面には敷石がありました。鎧（よろい）などの武具、鉄鏃（てつぞく）・鉄刀（てつとう）などの武器や馬具が出土しており、5世

兜塚古墳の石室入口

紀後半の築造と考えられています。また、後円部の頂上付近から平安時代の経筒が発見されており、経塚としても使われていたことがわかりました。

飯氏二塚古墳から兜塚古墳にいたる道沿いには、複数の古墳跡が確認されており、袖石と思われるものだけが立っている場所もあります。

015 元岡 G 6 号墳（元岡・桑原遺跡群）

もとおかじーろくごうふん（もとおか・くわばらいせきぐん）

福岡市西区元岡（九州大学伊都キャンパス内）

元岡・桑原遺跡群は、九州大学の伊都キャンパス建設に伴って確認された縄文時代から近世にわたる複合遺跡の総称です。古墳は計74基が見つかり、貴重な副葬品も出土しています。中でも平成23（2011）年に元岡 G 6 号墳で出土した「庚寅年銘大刀」は、大きな話題を呼びました。鉄製の大刀は、錆に覆われていましたが、西暦570年と考えられる年号など19文字がX線検査で確認され、9 月に現地説明会が行われました。写真はその時のもので、全長 2 ｍの玄室を持つ横穴式石室（両袖式単室）が南に開口しており、直径約18ｍの円墳と推定されています。築造は 7 世紀中頃と考えられ、この一帯で 8 世紀を中心に多数見つかっている製鉄遺跡との関連性も注目されます。なお、大刀は市の埋蔵文化財センターで保存処理を終え、直接金の象嵌が見

えるようになりました。石室は現在埋め戻されていますが、他の古墳とあわせて整備される予定のようです。

古墳時代、糸島半島南部は、東から古今津湾、西から古加布里湾が湾入し、現在の糸島市泊付近だけが九州本土とつながっていました。その狭くなった土地に、前方後円墳の御道具山古墳（墳長65ｍ）と泊大塚古墳（推定墳長70ｍ）が 3 世紀末から 5 世紀にかけて築造され、その後元岡・桑原地区の 6 基の前方後円墳（塩除、金屎、石

元岡 G 6 号墳（現地説明会当時）

ヶ原、池ノ浦、元岡Ｅ－１、峰古墳）が続いていったとされています。なお、
伊都キャンパスのイースト１号館９階には石ヶ原古墳跡展望展示室（毎週
火・木曜日公開）ができており、周辺の遺跡に関する展示も見ることができ
ます。

016 | 夫婦塚古墳 めおとづかこふん
福岡市西区金武

　夫婦塚古墳は西区金武にあり、巨石の横穴式石室が開口している２号墳が
よく知られています。名前の由来は２つの古墳が並んでいたためとされます。
１号墳は、明治末に開墾のため墳丘がなくなり、昭和53（1978）年の調査で
石室の全長が10.5ｍとわかりましたが、現在は残っていません。一方、２号
墳は竹林の中に墳丘をとどめ、全長11.5ｍの堂々とした横穴式石室が南側に
開口しています。墳形は１・２号墳ともに円墳と考えられていましたが、平
成16（2004）年に両墳の周溝が調査され、周溝内側の長さで１号墳は一辺約
22ｍ、２号墳は一辺約35ｍの方墳とわかったそうです。県道49号線（いわゆ
る大野城二丈線）を室見川方面から日向峠に向かう途中に「金武古墳群」の
道標があり、そこから田んぼを隔てた200ｍほど南にあります。
　夫婦塚１号・２号墳は、通常、金武古墳群（金武・吉武地区にある147基
の群集墳）の代表とされていますが、その多くは県道49号線北側の吉武地区

夫婦塚２号墳

夫婦塚２号墳石室（前室）

にあります。吉武地区では、渦文の装飾がある吉武熊山古墳（吉武Ｋ７号墳）が知られていますが、見学できるような整備は行われていません。

　近くには国史跡の吉武高木遺跡（弥生時代）があり、「やよいの風公園」として整備されています。この遺跡の３号木棺墓からは、銅鏡や銅剣類、勾玉といった、いわゆる三種の神器の原型が出土したため、「最古の王墓」発見と話題になりました。また、公園横の吉武樋渡遺跡では、弥生墳丘墓の上に、墳長33ｍの帆立貝式古墳（樋渡古墳、５世紀前半頃築造）が見つかっています。

　なお、金武宿跡の南にある浦江地区には、圃場整備に伴って発見された浦江古墳群があります。浦江１号墳は直径22〜25ｍの円墳で、幅約2.2ｍ、奥行き3.1ｍの玄室奥壁に、赤色顔料で渦文が描かれていました。ただし、現在は埋め戻され、説明板が立っているだけです。

017 ｜ 羽根戸南古墳群 はねどみなみこふんぐん

福岡市西区羽根戸486（水道技術研修所）一帯

　飯盛山北麓の羽根戸地区には、羽根戸古墳群と羽根戸南古墳群があります。羽根戸古墳群は、羽根戸原地蔵堂を中心に、140基以上の群集墳が存在したといわれています。羽根戸南古墳群は、福岡市配水場の建設に伴って調査が行われ、３基の前方後円墳を含む18基の古墳が発見されました。前方後円墳のＧ２・３号墳（墳長26.5ｍ・19.5ｍ）は、室見川流域の首長墓（４世紀後半）と見られています。墳丘は復元されず、Ｇ２号墳の箱式石棺が研修所の玄関横に移設され、Ｇ３号墳の木棺墓の模型が１階ロビーに展示されています。

羽根戸南Ｇ２号墳出土の箱式石棺

25

糸島の古墳

井原1号墳。右は木の幹に食い込んだ板石と地震で倒れたお墓の竿石

018 井原1号墳 いわらいちごうふん
糸島市井原

　井原1号墳は、糸島市井原にある墳長43mの前方後円墳です。県道49号線（大野城二丈線）の井原東交差点から、南東方向300mほど先の川沿いに見えます。3世紀末〜4世紀初の築造と推定されており、古墳時代前期の貴重な古墳です。後円部中央に組合式箱式石棺が見つかっており、その石棺の一部と思われる板石が墳頂上の木の幹に食い込んで残っています。平成17（2005）年の2月に行った時は、後円部頂上部に新しい墓が建っていましたが、翌月の福岡西方沖地震の時に竿石部分が下に倒れてしまったらしく、その後に行った時は、転がったままでした。墳丘は、かなり前から墓地として使用されていたようで、くびれ部から前方部にかけて古い墓石が散在しています。

019 一貴山銚子塚古墳 いきさんちょうしづかこふん
糸島市二丈田中101西

　一貴山銚子塚古墳は、JR一貴山駅から北東約100m先の小高い丘です。墳長103mの糸島地方最大の前方後円墳で、4世紀後半の築造とされます。

左：一貫山銚子塚古墳説明板
右：一貫山銚子塚古墳後円部墳頂

竪穴式石室に納められた木棺から埋葬当時そのままの配置で銅鏡10枚などの副葬品が出土したことから大変有名になりました。出土品の大半は、京都大学総合博物館にありますが、一部は昭和25（1950）年の調査に参加した糸島高校の郷土博物館に展示されています。

　後円部南の説明板が目印になりますが、木々に覆われて墳形を確認することはできません。草を分けるようにして登っていくと、後円部墳頂に「銚子塚古墳」と記された杭があります。古墳の東に隣接して国の登録有形文化財となっている椛島家（かばしま）の屋敷があり、代々古墳を守ってきたそうです。

　なお、この古墳の南東約300mには神在神社（かみあり）があり、奥の森にある「神石」（しんせき）はパワースポットとして知られるようになりました。

020 | 釜塚古墳 かまつかこふん
糸島市神在

　釜塚古墳は、直径56m、高さ10mの大型円墳で、5世紀前半の築造と考えられています。JR加布里駅（かふり）の裏手、市営神在団地（かみあり）の一角にあります。現状では5段の階段状に見えますが、後に畑に利用したためで、本来3段築成だったようです。古墳の周囲には、幅5〜8mの周溝が巡っており、そこから石見型木製品（いわみ）と呼ばれる2mほどの特殊な木製品が出土しています。これ

上：釜塚古墳全景
左：釜塚古墳に立てられた石見型木製品

は、近畿地方に見られる石見型盾形埴輪に類似しており、魔除けの祭具として墳丘に立てられていたと考えられています。

　この古墳は、低湿地にこれほど大型の円墳があることや、墳頂地下に割石を小口積みにした竪穴系横口式石室があって、横穴式石室が定形化されていく初期段階と考えられることから、貴重な古墳とされています。伊都国歴史博物館には、石室模型など釜塚古墳に関する資料が展示されています。

021 | 平原遺跡1号墓 ひらばるいせきいちごうぼ
糸島市有田（平原歴史公園内）

　平原遺跡は、弥生時代後期から古墳時代前期の5つの墳墓をあわせた名称です。歴史公園に復元されている1号墓は、弥生終末期の方形周溝墓で「古墳」ではありませんが、伊都国王墓と考えられる重要な墳墓なので、紹介したいと思います。

平原遺跡（奥に1号墓）

古賀崎古墳石室

　1号墓は昭和40（1965）年に農作業中偶然に発見され、在野の研究者であった原田大六氏を中心に学術調査が行われました。発掘によって、直径46.5cmという国内最大の内行花文鏡 5面を含む銅鏡40面など多数の副葬品が出土し、そのすべてが平成18（2006）年に「福岡県平原方形周溝墓出土品」の名称で国宝に指定されました。それらの出土品は、1号墓発掘時の模型とともに伊都国歴史博物館に展示されています。見ごたえのある銅鏡の展示となっています。

022 | 古賀崎古墳 こがさきこふん
糸島市西堂

　古賀崎古墳は、糸島市西堂にある古墳です。県道49号線（大野城二丈線）の西堂交差点から南西方向に見える納骨堂の横にあります。昭和32（1957）年、納骨堂周辺の公園化に伴って石室が発見され、ヤマト王権とのつながりが想定される単龍環頭大刀などの遺物も出土しました。現状では、天井石もなく穴の中に大きな岩があるだけで、説明板がなければ石室とは思えません。また、説明板では円墳とされていますが、後の調査で東の納骨堂側に前方部がある前方後円墳とわかりました。西堂古賀崎古墳と呼ばれることもあります。

砂魚塚1号墳　　　　　　　　　　　坂の下5号墳

023 | 砂魚塚1号墳・坂の下5号墳
はぜづかいちごうふん・さかのしたごごうふん
糸島市美咲が丘1－6（はな咲公園内）

　砂魚塚1号・坂の下5号墳は、糸島市の美咲が丘団地造成に伴い調査された荻浦古墳群17基の古墳のうち、2基の石室を1丁目の「はな咲公園」に移築・保存したものです。いずれも天井石はなく、内部構造を直接見ることができます。砂魚塚1号墳は、6世紀中頃築造の墳長24mの帆立貝式古墳で、横穴式石室からは瑪瑙、水晶、ガラスで作られた装身具が出土しています。

　坂の下5号墳は、6世紀末築造の一辺10mの方墳で、巨石を使用した石室内からは銀装馬具、大刀などが出土しています。

024 | 端山古墳・築山古墳　はやまこふん・つきやまこふん
糸島市三雲207北100m・同市三雲207

　端山古墳は、古墳時代前期（4世紀初）の築造と推定される柄鏡式の前方後円墳です。墳長は78.5mと推定されていますが、前方部は完全に消滅しており、現状では円墳の状態になっています。盾形の周溝を含めると、全長は約99mです。

　築山古墳は、端山古墳の南100mの所にあります。築山古墳も円墳にしか

端山古墳

築山古墳

見えませんが、帆立貝式前方後円墳で、古墳時代中期の築造と推定されています。築造当時の墳長は60m、盾形の周溝を含むと全長は約105mです。後円部の墳丘上には、十一面観音を祀るお堂が建っています。

　両古墳とも、埋葬施設の調査は行われていません。案内板に、築造時の平面図が示されていますので、当時の姿を想像するとよいでしょう。

025 銭瓶塚古墳・狐塚古墳・ワレ塚古墳

ぜにがめづかこふん・きつねづかこふん・われづかこふん
糸島市曽根331北・同市曽根345南・同市曽根457－3南西100m

　伊都国歴史博物館から西へ1kmほどの糸島市曽根には、いずれも5世紀の築造とされる銭瓶塚古墳、狐塚古墳、ワレ塚古墳の3古墳があります。

　銭瓶塚古墳は、墳長約50mのいわゆる帆立貝式前方後円墳ですが、短い前方部は道路で削られており、現状では円墳に見えます。

　銭瓶塚古墳の南側の道路を100mほど進むと狐塚古墳があります。狐塚古墳は直径33mの円墳で、墳頂部で竪穴式石室と横穴式石室の2つが見つかっています。

銭瓶塚古墳

狐塚古墳

ワレ塚古墳

　ワレ塚古墳は、銭瓶塚古墳の西側の通りを北に60〜70m、さらに西に約30m進むと、右手の空き地にあります。ワレ塚古墳は、調査では墳長42mの帆立貝式前方後円墳とされていますが、現状では説明板がない限り、土砂を積み上げた空き地としか思えません。ここでは、円筒埴輪のほか馬形の形 象埴輪も出土しています。

　いずれも、説明板に築造時の平面図が示されているだけでなく、トレンチ（試掘溝）などの発掘箇所とその結果が図示されていますので、発掘当時の様子を想像することもできます。

筑紫・朝倉の古墳

貝徳寺古墳があった安徳公園　　　　　　　エゲ古墳跡の標柱

026 | 貝徳寺古墳 けいとくじこふん
那珂川市今光4丁目（安徳公園内）

　貝徳寺古墳は、那珂川市の安徳公園で見つかった古墳です。前方部の長さが短い推定墳長54mの前方後円墳で、5世紀後半の築造とされています。昭和56（1981）年の調査で周溝が見つかり、墳丘や石室が削平されていたことがわかりました。現状は埋め戻されて運動場になっています。写真の場所が古墳と紹介されることがありますが、後円部をイメージして造られた築山と考えられます。くびれ部の周溝跡から出土した人物や家などの埴輪は、九州国立博物館に展示されています。

　安徳公園一帯は、宗石遺跡群（弥生中期から室町時代にいたる複合遺跡）と呼ばれ、貝徳寺古墳のほかに、弥生中期の甕棺墓106基や弥生時代末期から古墳時代前期の住居跡22棟などが見つかっています。また、松木4丁目一帯にあったカクチガ浦遺跡群は、開発によりすべて消滅していますが、20基以上の古墳がありました。その中心的な古墳のエゲ古墳は、4世紀後半築造の一辺18mの方墳で、割竹形木棺の中から銅鏡、剣、勾玉などの副葬品が埋葬当時のまま見つかったとされています。今は全く形跡がありませんが、松木4丁目の県道575号線に架かる陸橋（エゲ橋）の下に説明板があり、すぐ近くの歩道上に薄緑色の標柱が立っています。

丸の口Ⅵ群2号墳　　　　　　　丸の口Ⅴ群5号墳

　貝徳寺古墳の南約2kmには、エゲ古墳と同時代と考えられる安徳大塚古墳
（墳長64mの柄鏡式前方後円墳）があり、これらの古墳の関連が注目されま
す。また、那珂川の下流域にある老司古墳や那珂八幡古墳などとのつながり
も興味が湧くところです。

027 | 丸ノ口古墳群 まるのくちこふんぐん
那珂川市片縄西3－26北西

　丸ノ口古墳群は、那珂川北中学校の校門前にある6世紀代築造の古墳群で、
奥にある白石古墳群とともに公園整備されています（丸ノ口古墳公園）。
　Ⅵ群2号墳は直径12mの円墳で、後室に同心円文などの装飾があり、ドア
越しに奥壁の装飾を見ることができます。Ⅴ群5号墳は、直径14mの円墳で
すが、石室の天井部が失われており、そのまま入ることができます。奥壁に
円文が残っており、表面がガラス盤で保護されています。
　中学校駐車場の南側には白石古墳群が続いており、Ⅰ群1号墳（直径9
m）とⅢ群1号墳（直径16m）の2つの円墳が復元されています。石室は鉄
柵で保護されていますが、中を見ることはできます。どちらも、修復された
墳丘ごとに、タイル製の丁寧な説明板が設置されています。

028 | 中原第Ⅰ支群36号墳 （観音山古墳群）

なかばるだいいちしぐんさんじゅうろくごうふん （かんのんやまこふんぐん）

那珂川市観晴が丘11

　中原第Ⅰ支群36号墳は、6世紀後半の築造と推定される直径20mの円墳です。新幹線車両基地近くの観晴が丘団地にある公園（第2公園）に復元されています。横穴式石室が開口していますが、格子扉で閉じられ、中に入ることはできません。

　玄室は縦3.4m、横2.8mで、高さは約3.2mあります。公園の南側に

中原第Ⅰ支群36号墳

ある観音山の裾野には、250基以上の群集墳があるとされており、観音山古墳群と呼ばれています。新幹線基地や団地造成に伴って130基ほどの調査が行われていますが、保存されているのは、この古墳だけです。

029 | 日拝塚古墳 ひはいづかこふん

春日市下白水南6－208

　日拝塚古墳は、春日市下白水南にある前方後円墳です。墳丘の主軸がほぼ東西（後円部が東）を向いており、彼岸の時期には16km先の大根地山に昇る朝日を拝むことができるため、この名前が付いたそうです。

　昭和55（1980）年からの調査で周溝が確認され、築造時（6世紀前半）の墳長は55mと推定されました。後円部南に単室構造の横穴式石室がありますが、開口部はコンクリートの扉で閉ざされています。昭和4年盗掘にあいましたが、犯人はすぐに捕まって、2,217点もの副葬品は戻りました。ただ、金製垂飾付耳飾など一部は奴国の丘歴史資料館（春日市岡本3－57）に展示されていますが、その大半は東京国立博物館に保管されています。

日拝塚古墳全景　　　　　　　　　後円部南に開口する石室入口

030 | 胴ノ元古墳 どうのもとこふん
大野城市牛頸2－8

　胴ノ元古墳は、大野城市牛頸（うしくび）2丁目の胴ノ元古墳公園にある直径11mの円墳です。古墳時代後期の築造とされています。付近の丘陵地にあったものを移築復元しています。ただ、墳丘は、子供の草そりの格好の場所となって丸みがなくなり、今は杭とロープで侵入できなくなっているようです。宅地開発で発掘された遺跡の保存について、考えさせられる事例です。

胴ノ元古墳公園（右奥が墳丘）　　　移築復元された胴ノ元古墳

031 | 王城山 4 号墳 おうぎやまよんごうふん
大野城市乙金 2 － 8 － 1 南東奥

　王城山 4 号墳は、大野城市乙金
にある直径20mほどの円墳（ 6 世
紀築造）です。王城山古墳群（37
基）の 1 つですが、九州縦貫道や
宅地造成でほとんど消滅し、この
Ａ群 4 号墳のみ、復元整備されて
います。「ピアノターミナル・ナ
カムラ」の敷地内で管理されてお
り、事務所でフェンスなどの鍵を
借りる必要があります。

王城山 4 号墳

　この古墳の北の乙金東 1 丁目には、三累環頭大刀などの出土で有名になっ
た善一田古墳群があり、平成31（2019）年 4 月に一部（ 9 基）が公園整備さ
れました。

032 | 埴安神社古墳 はにやすじんじゃこふん
筑紫野市杉塚 1 － 7 －38

　埴安神社古墳は、筑紫野市杉塚
の埴安神社の裏にある直径約15m
の円墳です。 6 世紀の築造で、複
式横穴式石室があります。石室の
開口部はわずかに開いているだけ
で、中に入ることはできません。
　なお、「埴安」は、伊耶那美 命
の排泄物から生まれたとされる男

埴安神社古墳（埴安神社の奥にある）

女神（埴安彦神と埴安姫神）で、土の神として地鎮祭などの祭神とされます。そのため、埴安神社は全国的に分布し、古墳などがある地域の神聖な場所に豊穣を願って建てられているようです。福岡市近郊に多い地禄神社も、埴安神を祭神としています。

033 五郎山古墳 ごろうやまこふん
筑紫野市原田3-9-5

　五郎山古墳は、筑紫野市原田の五郎山公園にある直径32mの円墳で、装飾古墳として知られています。周溝を含めて、直径35mとされる場合もあります。6世紀後半の築造です。昭和23（1948）年、盗掘坑が陥没し、複式の横穴式石室の内部で壁画が発見されました。前室から後室への通路、そして後室の全体に武器や動物、船、人物など壁画が描かれています。

　現在、石室内の壁画は退色していますが、古墳のすぐ下に五郎山古墳館という筑紫野市の資料館があって、原寸大の石室が復元されています。内部構造をわかりやすくするため、羨道部分が電動で上がるようになっており、身障者でも奥壁まで身近に観察することができます。

　なお、九州国立博物館の関連サイト「装飾古墳データベース」には、五郎山古墳のVR画像があります。このサイトについては、巻末の参考資料を参照して下さい。

五郎山古墳

五郎山古墳館の原寸大レプリカ石室

仙道古墳の盾持武人埴輪（レプリカ）　　　　　　　仙道古墳公園内の石室模型

034 | 仙道古墳 せんどうこふん
朝倉郡筑前町久光

　仙道古墳は、筑前町久光にある直径35mの円墳で、2重の周溝を合わせると直径49mになります。久光橋交差点から国道386号線バイパスを東に進むと「仙道古墳公園」の案内板があります。このあたりの山麓には約50基の円墳からなる阿弥陀ヶ峯古墳群があったとされ、中でも仙道古墳は、平野部に造られた最大の円墳とのことです。昭和52（1977）年、圃場整備事業に伴って発掘調査した結果、2段築成の美しい墳丘を持つ古墳だとわかりました。また、南西に開口する横穴式石室（全長7m）の奥壁や袖石、仕切り石には、赤や緑の顔料で同心円文や三角文の装飾が描かれていました。

　公園内の東屋の中に原寸大の石室模型が展示され、内部を実感できます。墳丘の外周部分からは、ユーモラスな盾持武人埴輪や馬形埴輪などの形象埴輪が出土し、6世紀築造の古墳とわかりました。現状でも複製の埴輪が周溝部に置かれ、楽しい古墳公園となっています。石室入口は通常完全にドアで閉じられていますが、春と秋の一般公開日にはガラスで覆われた石室内部を見学することができます。

焼ノ峠古墳（丘陵の上。周りは梨畑）　　焼ノ峠古墳墳丘（手前が前方部）

035 | 焼ノ峠古墳 やきのとうげこふん
朝倉郡筑前町四三嶋

　焼ノ峠古墳は、筑前町四三嶋地区にあり、花立山（城山）から延びる稜線上の眺めが良い小高い丘の上に立地しています。周りには梨畑が広がり、春（４月初旬）には一面白い花が咲きます。

　この古墳の墳形は、前方後円墳の後円部が四角形をしている「前方後方墳」という珍しい形で、墳長38.8ｍは九州最大の規模とされます。墳丘の主軸は南東から北西に向いており、北西方向には宝満川流域の田園地帯を見渡すことができます。北西側の後方部は、先端の一辺がやや長い台形状で、南東側の前方部は、三味線を弾く撥のような形をしています。くびれ部東側の周溝付近から古式の土師器が検出されていて、築造年代は古墳時代前期（３世紀後半頃）と考えられています。埋葬施設については確認されていません。以前は墳形が全くわかりませんでしたが、平成19（2007）年に墳丘がきれいに復元されました。ただし、南東側の下にある駐車場から墳丘に上る階段はかなり急で狭く、車椅子の方の場合は、車椅子と本人を別々に運ぶ必要があります。

　なお、筑前町の砥上岳の中腹斜面には、赤色顔料の装飾が鮮やかに残っている砥上観音塚古墳（直径約30ｍの円墳、６世紀末築造）があります。

筑紫・朝倉

43

朝倉狐塚古墳の覆屋　　　　　朝倉狐塚古墳石室前室（左に後室が続く）

036 ｜ 朝倉狐塚古墳 あさくらきつねづかこふん
朝倉市入地2741

　朝倉狐塚古墳は、船形の線刻画で知られる古墳です。大分自動車道朝倉イ
ンター近くの朝倉市入地にあります。古墳は墳丘が崩壊しており、保護のた
め覆屋が建てられていますが、直径40ｍを超す円墳だったと考えられていま
す。上部を失った横穴式石室は、全長約13ｍの複室構造で、前室・後室とも
に丸い平面形です。後室奥壁、左右側壁、袖石表裏面、前室右側壁に線刻で
同心円文、円文、船、動物などの線刻画が描かれ、築造は７世紀初と見られ
ています。覆屋は通常施錠されていますが、ガラス越しに覗くことはできま
す。一般公開日には、中を見学することができます。

037 ｜ 小田茶臼塚古墳 おたちゃうすづかこふん
朝倉市小田

　小田茶臼塚古墳は、朝倉市小田にある墳長が55ｍの前方後円墳です（周溝
を含めると63ｍ）。後円部の直径が40ｍに対し前方部の長さが16ｍと短く、
くびれの強い墳形です。後円部で葺石が認められるほか、前方部では朝顔形
を含む円筒埴輪の列が検出され、５世紀の築造とされています。くびれ部か

らは須恵器の大甕や器台などが出土しています。昭和3（1928）年の道路工事で後円部の南半分が削られ、石室が見つかりました。石室から短甲や冑のほか、鉄製武器、玉類などの副葬品が、別の場所からは馬具などが出土しています。説明板の裏の墓地を抜けると、前方後円の墳形が見えます。以前は

小田茶臼塚古墳（右が後円部）

鳥居があって、後円部の墳頂に小さな神社があったそうですが、現状ではその形跡はありません。近くの朝倉市平塚には、平塚川添遺跡があります。

038 | 椀貸穴古墳 わんかしあなこふん
朝倉市柿原1048

　椀貸穴古墳は、朝倉市柿原の国道386号線沿いの高住神社の社殿裏にある円墳です。直径15mほどの円墳で、横穴式石室が開口しています。石室は全長約10mで、巨石を使用した複室構造の大型石室は開口部も広く、車椅子を押して石室の奥まで入ることができます。名前は、願うと必要な膳や椀を貸してくれるという、「椀貸し伝説」からきているようです。

椀貸穴古墳石室入口

椀貸穴古墳石室

堤当正寺古墳（左奥が後円部）　　　　　　　　楠名古墳

039 | 堤当正寺古墳 _{つつみとうしょうじこふん}
朝倉市堤1122－3 北100m

　堤当正寺古墳は、朝倉市堤にある墳長70ｍの前方後円墳です。朝倉市役所から東へ約１㎞の住宅地の中にあります。戸建て住宅が３軒続いた先の行き止まりまで進み、右へ折れると墳丘が見えます。

　５世紀中頃の築造で、南側はやや削平されているものの、北側には周溝と周堤も残っており、整った墳丘を見ることができます。前方部・後円部に各々１基の石室が確認されました。前方部の１基は小型竪穴式石室で、石室外から鉄剣が出土しています。後円部の１基は竪穴式石室と推定され、石室の外で甲冑類が出土しました。ただ、朝倉市のHPによれば、「未盗掘の可能性が高いので、内部調査は実施せず保存措置をとった」とされています。

040 | 楠名古墳 _{くすみょうこふん}
うきは市浮羽町朝田669

　楠名古墳は、７世紀初の築造と考えられる直径30ｍの円墳です。横穴式の石室は全長17ｍで、巨石が使われています。後室より前室の方が約２倍広い特異な構造をしています。ただし、前室の中心が墳頂と一致していることか

重定古墳（石室入口）　　　　　　　塚花塚古墳（説明板の裏が墳丘）

ら、前室に見える所が本来の後室で、後室と見える所は派生したものと考えられています。前室には左右に屍床（ししょう）があり、右側がかなり大きい造りになっています。

　浮羽町朝田地区には、楠名古墳のほか、装飾古墳として知られる重定・塚花塚（はなづか）などの古墳があり、あわせて朝田古墳群と呼ばれています。

041 | 重定古墳 しげさだこふん
うきは市浮羽町朝田681－1

　重定古墳は、6世紀後半築造の墳長50mの前方後円墳です。車道から階段を上った所は前方部で、その先に小高い後円部がありますが、墳形はよくわかりません。後円部の南側に全長18mの彩色石室があり、その入口がコンクリートの部屋で保護されています。ベンガラ、緑青（ろくしょう）で靫（ゆぎ）、同心円文、三角文、蕨手文（わらびてもん）などが描かれていますが、ガラス窓からの距離が遠く、肉眼ではほとんど見えません。

042 | 塚花塚古墳 つかはなづかこふん
うきは市浮羽町朝田1235－2

　塚花塚古墳は、6世紀後半築造とされる直径30mの円墳です。県道106号

線に面して、説明板とコンクリートの建物があるため、すぐわかります。羨
道はなくなっていますが、前室・後室合わせて約8mの石室があり、巨大な
一枚石を用いた奥壁を中心に蕨手文、同心円文、三角文、靫などがベンガラ、
緑青で描かれています。中にあるドアののぞき窓から奥壁方向を見ることが
できますが、肉眼では朱色の模様がわずかに見える程度です。

　重定・塚花塚両古墳の装飾壁画は、「装飾古墳データベース」のVR画像
で見ることができます。

043 | 月岡古墳 つきのおかこふん
うきは市吉井町若宮

　月岡古墳は、うきは市の若宮八幡宮の奥（北西側）にあり、日岡古墳・
塚堂古墳とあわせて若宮古墳群と呼ばれます。墳長は80mで、テラスと3
重の周溝を含めた全長は140m以上と推定されています。若宮古墳群の中で
最も古い5世紀中頃の築造で、若宮八幡宮は、この古墳の被葬者を祀った施
設から発展したものと思われます。後円部の墳頂にある建物は、竪穴式石室
の上に建てられたもので、中に長持形石棺があります。この石棺は、公開日
に見ることはできますが、写真などの撮影は禁止されています。また、金銅
装眉庇付鉄冑をはじめとする豪華な副葬品は、吉井歴史民俗資料館に展示さ
れています。

月岡古墳（奥が後円部墳頂）

日岡古墳（奥が石室の覆屋）

044 日岡古墳 ひのおかこふん
うきは市吉井町若宮

　日岡古墳は、若宮八幡宮から道を隔てた東側の奥にあります。墳長78mの前方後円墳とされますが、墳形はほとんどわかりません。後円部に横穴式石室があり、明治時代に朱・緑・青・白の装飾壁画があることがわかりました。玄室の天井石が玄室内に落下しており、羨道（せんどう）も危険なため、覆屋（おおいや）が建てられ、上から見学するようになっています。

　覆屋に入ると、石室内の同心円文、蕨手文（わらびてもん）、三角文、靫（ゆぎ）などの文様が、蛍光灯の灯りで鮮やかに確認できます。石室内の写真撮影は禁止です。6世紀前半の築造で、若宮古墳群の中では最後に築造されています。

045 塚堂古墳 つかんどうこふん
うきは市吉井町徳丸152－1北

　塚堂古墳は、吉井町徳丸の国道210号線浮羽（うきは）バイパス沿いにあります。5世紀末頃の築造で、当時の墳長は約90mと推定され、2重の周溝があったとされています。前方部と後円部に横穴式石室がありますが、昭和28（1953）年の大水害の後、後円部の封土（ほうど）が採取されたため、後円部の石室は痕跡だけが残っています。現在、前方部と後円部の南斜面は墓地として利用されており、お地蔵さんも立っています。

046 珍敷塚古墳 めずらしづかこふん
うきは市吉井町富永653－2

　うきは市吉井町富永には、珍敷塚・鳥船塚（とりふねづか）・原（はる）・古畑（ふるはた）4基の古墳（いずれも装飾壁画がある円墳）があり、屋形（やかた）古墳群と呼ばれています。ただし、墳丘が残っているのは原古墳と古畑古墳の2基で、珍敷塚古墳は石室の奥壁と

塚堂古墳（左側の後円部は削られている）　　　　　珍敷塚古墳奥壁の覆屋

側壁の腰石だけ、鳥船塚古墳は奥壁の腰石２段だけが残っています。

　最も有名なものは、珍敷塚古墳の奥壁の装飾で、赤と青の顔料を使い、弓矢が入った靫（ゆぎ）３個を中央に配置し、周りに蕨手文（わらびてもん）、同心円文、ゴンドラ形の船、盾を持った人物、カエルなどのモチーフが描かれています。

　うきは市では、月岡古墳→日岡古墳→珍敷塚古墳→楠名古墳を巡る古墳見学会を原則毎月第３土曜日に実施しているそうです（吉井歴史民俗資料館☎0943−75−3120へ５日前までに予約する必要あり）。

047 | 安富古墳 やすどみこふん
うきは市吉井町福益278

　安富古墳は、うきは市吉井町の安富天満宮境内にある直径15mの円墳です。県道151号線の「吉井百年公園入口」の標識から南に約100ｍ進むと、右側に「安富古墳」の道標があります。その道は安富天満宮の参道で、途中のお堂を過ぎると、長い石段が続いています。最後の石段の手前に説明板があり、

安富古墳

その横に石室の入口が開口しています。石室は、巨石を用いた複式横穴式構造で、全長は11mあります。後室の中は、胴張り形の丸みをおびた平面形で、広々とした空間を作っています。説明板によると、6世紀末〜7世紀初の築造で、墳丘・石室ともに完全な状態で残っているそうです。防空壕や住居、倉庫などに利用されていたこともあったとされており、空間構造物としての横穴式石室の1つの到達点のような気がします。訪問した時（平成18年）は自由に見学できましたが、今は石室入口にフェンス

安富古墳の石室内部

ができ、施錠されているようです。参道入口の先に、古墳のすぐ上にある安富天満宮へのまわり道があるので、その道を利用した方が苦労しないように思います。

糟屋・宗像
の
古墳

048 | 七夕池古墳 たなばたいけこふん
糟屋郡志免町田富 3 － 18

七夕池古墳

七夕池古墳は、糟屋郡志免町にある直径29mで3段築成の円墳です。幅3.5mの周溝を巡らしていたとされ、それもきれいに公園の中に復元されています。糟屋地区最大の円墳で、古墳時代前期末（4世紀末～5世紀初）の竪穴式石室からは、壮年女性（40～50代）の人骨と琴柱形石製品や刀、鏡（内行花文鏡）、玉類が出土しています。このため、被葬者は巫女的な存在と想定されています。出土品は、志免町歴史資料室に展示されています。

049 | 光正寺古墳 こうしょうじこふん
糟屋郡宇美町光正寺 3 丁目（光正寺古墳公園内）

光正寺古墳は、宇美町にある墳長約54mの糟屋郡内最大の前方後円墳です。築造年代は3世紀中頃～後半と推定され、県内の前期古墳の中でも最古期に位置づけられています。このため、200mほど離れた七夕池古墳とともに昭和50（1975）年、国指定の史跡となりました。

宇美町は、発掘調査をもとにこの古墳の復元・整備を計画し、平成12（2000）年に古墳公園が完成しました。標高46m前後の東西方向に延びる丘陵上に築かれていて、住宅地を隔てて流れる宇美川からもその美しい墳形を望むことができます。築造時の墳丘は葺石が敷かれていましたが、現状では盛土・芝張りとなっています。公園内のガイダンス広場には葺石を敷いた約5分の1の模型があり、その後円部上には、竪穴式の埋葬施設で確認された

光正寺古墳墳丘（北側）

光正寺古墳墳丘（南側）

5分の1模型（全体）

模型後円部上にある棺の説明板

糟屋・宗像

　5体の棺（ひつぎ）が写真タイルで解説されています。後円部中央にある最大の埋葬施設は、墓壙（ぼこう）規模が長さ約6ｍ、幅約4ｍの大型箱式石棺です。出土品は、宇美町立歴史民俗資料館に展示されています。きれいな古墳で、毎年訪ねては色々な角度から写真を撮っていた時期がありました。

050 | 神領古墳群 しんりょうこふんぐん
糟屋郡宇美町明神坂1－3

　神領古墳群は、宇美公園（宇美八幡宮の北東の丘陵部）にある6基の円墳群で、今は4基が残っています。一番大きい2号墳は直径27ｍで、5世紀初の築造と考えられており、竪穴式石室と同時に3体を埋葬した割竹形木棺（わりたけがたもっかん）が出土しています。

左上：神領1号墳／左下：子安新橋
（奥の森が宇美八幡宮）／右：宇美八
幡宮一の鳥居横にある「應神天皇御
降誕地」の石碑

　宇美八幡宮の裏手から宇美公園につながる道（子安通り）は、宇美川にか
かる朱塗りの子安橋、そして陸橋の子安新橋へとまっすぐに伸びており、桜
の名所になっています。その子安新橋の階段を登り詰めると、神領古墳群に
至ります。中でも神領3号墳は、墳丘の一部を削って八幡宮の上宮が建てら
れており、神功皇后が新羅遠征の帰途に応神天皇を出産した際の御胞衣（胎
盤）を納めた場所とされています。真偽はともかく、この古墳群の丘を信仰
対象として、宇美八幡宮が形成されていることがわかります。

　宇美八幡宮の社伝によると、神功皇后は、遠征前に妊娠していましたが、
お腹に石を当ててさらしを巻き、冷やすことによって出産を遅らせたといい
ます。『筑前国続風土記』巻18の「宇瀰八幡宮」では、出産場所の四方に8
つの幡を立てた上、武装兵を配置したことが記されていて、応神天皇が八幡
神とされる由来を伝えています。このため、宇美八幡宮は安産祈願の神社と
して名高く、現在でも妊婦が安産祈願に「子安の石」を持ち帰り、産後に石
を返す習慣があります。

なお、同様に応神天皇の生誕地を伝える神社として、糸島市の長野宇美八幡宮（糸島市川付785）があります。この社殿一帯には長嶽山古墳群があり、1号墳（墳長38ｍの前方後円墳）は、仲哀天皇（神功皇后の夫）の陵と伝承されています。また、その近くには神功皇后がお腹に当てた石を出産後に奉納したとされる鎮懐石八幡宮（糸島市二丈深江2143－1）もあります。九州北部には神功皇后にまつわる史跡が多く、日本の歴史には、「神功皇后ブーム」とでもいうべき時代が何度かあったような気がします。

051 | 船原古墳 ふなばるこふん
古賀市谷山1166－1 他

　船原古墳は、現状は墳長37.4ｍの前方後円墳ですが、築造時は45.5ｍ以上あったとされています。平成25（2013）年3月、横穴式石室開口部の延長線上（南西側）に発見された1号土坑から、馬冑（馬のかぶと）や心葉形鏡板付轡などの馬具をはじめ、武具・農工具など、総数500点以上が出土して、大きな話題となりました。写真は、翌月の現地説明会のものです。この古墳は、6世紀末～7世紀初という前方後円墳の終焉期の姿を伝えるだけでなく、墳丘外の埋納土坑が残る貴重な事例と認められ、3年後に国史跡に指定され

左：船原古墳（手前が石室開口部）
右：1号土坑

ました。平成30（2018）年４月には、説明板や駐車場も整備されました。詳しい解説や展示が、古賀市立歴史資料館で行われています。

052 | 新原・奴山古墳群 しんばる・ぬやまこふんぐん
福津市勝浦・奴山一帯

　新原・奴山古墳群は、平成29（2017）年に世界遺産に登録された「『神宿る島』宗像・沖ノ島と関連遺産群」の構成資産となり、大変有名になりました。旧津屋崎町一帯は古墳群が多く、津屋崎古墳群と総称されます。その中で、この古墳群だけが世界遺産の構成資産となった理由は、宗像大社の中津宮と沖津宮遙拝所がある大島（宗像大島）を望める景観が重視されたからでした。現在、総数59基の古墳が確認されており、前方後円墳５基、円墳35基、方墳１基が現存しています。

　中心的古墳とされるのは、帆立貝式前方後円墳の22号墳で、５世紀前半の築造とされます。推定墳長80ｍで、さらに周溝と周堤があったとされていますが、前方部が削平された上に林が覆っているため、目印の鳥居がなければ小山にしか見えません。前方後円墳で墳形がよく残っているのは、墳長54ｍの30号墳で、６世紀中頃の築造とされます。このほかの詳細については、福津市複合文化センター（カメリアステージ、津屋崎１－７－２）の歴史資料館でご覧ください。

　ここで、古墳時代の津屋崎地区の地形について少し説明します。当時は、神湊付近から細長く砂州が南に伸びて、以前島だった渡地区までつながっていました。海の中道と志賀島の関係と同じです。そのため、津屋崎港の内海は、とても奥深い湾（入海）だったのです。津屋崎古墳群は、５世紀から７世紀前半にわたって古墳が造られていますが、北の勝浦古墳群から南の手光古墳群へと中心的な古墳の築造時期がおおむね下がっていったとされています。それは、土砂の堆積によって船着き場が南下したことと関係していると思われます。古墳時代以降、国道495号線一帯は浅瀬から次第に湿地となり、江戸時代には干拓されて塩田が発達し、明治時代には水田となりました。

新原・奴山22号墳

新原・奴山30号墳

つまり、古墳時代にやって来た遠来の船は波静かな湾内に入り、古墳群が見える港に停泊していたと考えられます。当時の沿岸線に最も近い新原・奴山7号墳は、周辺には珍しい方墳（一辺20〜24ｍ）で、墳丘上には玉砂利が敷かれ、鉄斧や琥珀原石も表面採集されています。祭壇を兼ねた古墳の可能性が指摘されていますが、港の目印という機能もあったのではないでしょうか。現在、津屋崎小学校には在自唐坊跡展示館という施設が併設されており、平安時代終わりから鎌倉時代初めにかけての日宋貿易に関わる遺跡とされています。ここも、昔は海に沿った海外商人の居住地だったのでしょう。今後の調査を待ちたいと思います。

053 | 須多田古墳群 すだたこふんぐん
福津市須多田一帯

　須多田古墳群も津屋崎古墳群の一支群で、古墳時代は入海に面していました。

　須多田二タ塚古墳は、直径33.5ｍの円墳で、古墳群の中で最も古い５世紀中頃の築造とされます。津屋崎小学校から国道495号線を１ ㎞ほど北上すると説明碑があり、その東側の田んぼの中に墳丘があります（写真）。説明碑の地図には、二タ塚を含む６つの古墳の場所が示されています。以下、それらの説明をします。

左：須多田ニタ塚古墳の説明板（奥が墳丘）
右：須多田天降神社古墳

　須多田天降神社古墳は、須多田集落の西に位置する天降神社の裏にある墳長83mの前方後円墳で、築造当時（6世紀前半）は周溝と周堤に囲まれていたとされています。鳥居横の説明碑にある測量図によると、拝殿の奥から階段を上った先にある小さな本殿は、石室の羨道入口に造られているようです。被葬者を祀る祭礼場所が神社の起源となり、かつての墳丘が鎮守の森を形成していく過程が想定される一例です。

　須多田ミソ塚古墳は、墳長67mの前方後円墳で、ニタ塚古墳の説明碑から東に延びる農道を500mほど行った北側に見えます。以前は墓地だったようで、倒れた墓石が多く、かなり削平されています。

　須多田下ノ口古墳は、ミソ塚古墳のすぐ東の須多田集落の入口にあります。墳長82.8mの前方後円墳とされていますが、後円部だけが残っており、石段の上に観音堂があります。

　須多田上ノ口古墳は、墳長43mの前方後円墳とされていますが、集落北側の密集した竹林の中にあるらしく、確認できません。

　在自剣塚古墳は、須多田集落の南東の山麓にあり、宗像地区最大規模を誇る墳長101.7mの前方後円墳です。6世紀後半の築造と推定され、名前は、神功皇后の剣を納めた言い伝えに由来するそうです。森の中にあって外観は全くわかりませんが、2段築成の墳丘は確認できるようです。

手光波切不動古墳石室入口　　　　　　　手光波切不動古墳石室内

054 | 手光波切不動古墳 てびかなみきりふどうこふん
福津市手光1615

　手光波切不動古墳は、県道97号線光陽台入口交差点から東に100mほどの民家の庭先にあります。道路に面して白い石門があり、庭先を突っ切ると、羨道入口が南に開口しています。全長10.8mの横穴式石室は、長い羨道に広い前室、そして奥にやや狭い石槨を持っており、近くの宮地嶽古墳と似た構造になっています。奥にある不動尊（波切不動）は、江戸時代以来の信仰の対象で、かつては石室入口の左右に石仏が並ぶ宗像四国霊場の札所だったそうです。この周辺には、総数30基を超える古墳が確認されており、手光古墳群と呼ばれています。

　平成23（2011）年の調査で、直径25mの円墳と推定され、金銅製の馬具や沖ノ島祭祀土器に類似した土器が出土しました。また、従来の見方と異なり、築造は7世紀前半で宮地嶽古墳に先行する可能性があるそうです。詳しくは、『文化福津』第9号の「福津の歴史 ── 手光波切不動古墳の調査成果」をご覧ください。福津市教育委員会のHPから閲覧できます（文化財・古墳→史跡整備→津屋崎古墳群のみどころ）。市内の文化財に関する詳しい資料もここに掲載されています。

不動神社入口（宮地嶽古墳東側）　　　不動神社の奥（宮地嶽古墳石室の羨道部）

055 | 宮地嶽古墳 _{みやじだけこふん}
福津市宮司元町７－１（宮地嶽神社境内）

　宮地嶽古墳は、現在では宮地嶽神社の奥の宮八社の１つ、不動神社となっています。つまり、円墳の墳丘（現状は東西径34ｍ、南北径27ｍの楕円形）が社殿の役割を果たし、全長23ｍの横穴式石室（奥の石槨を含む）の入口に拝殿が建てられていて、奥の不動尊をお参りできるのです。宮地嶽神社の本殿から300ｍほど離れていますが、スロープなどが整備されており、車椅子でも行けます。なお、本殿近くの駐車場利用は事前連絡が必要です。

　宮地嶽古墳といえば、全長が３ｍ前後とされる金銅装頭椎大刀や金銅装透彫冠、そして壮麗な馬具など、副葬品の多くが国宝に指定されていることで知られます。以前は東京国立博物館に寄託されていましたが、現在は九州国立博物館に寄託されています。今も輝きを失わない金銅製壺鐙を最初に見た時、息をのんだことを思い出します。これらの副葬品は、昭和９（1934）年、奥の宮の社務所を建設した際、多くは完成形ではない状態で発見され、一般に知られることとなりました。古墳そのものは、江戸中期の寛保元（1741）年に大雨で墳丘が崩落し、石室が開口したことで発見され、６年後に石室に不動尊が祀られて信仰の対象となりました。

　宮地嶽神社は、全国にある宮地嶽神社の総本宮です。日本一の大注連縄が

ある拝殿までは参詣者で混雑していますが、一番奥の不動神社は比較的人も少なく、古墳の石室に入ると神聖な気持ちになります。通常は、羨道入口までしか入れませんが、1月28日、2月28日、7月28日の祭典日には、玄室まで入ることができるそうです。

056 | 朝町竹重遺跡 あさまちたけしげいせき
宗像市朝野329（朝野中央公園内）

朝町竹重遺跡の古墳群

朝町竹重遺跡は、弥生時代中期の墳墓群と古墳時代後期の円墳群が重なって存在する複合遺跡です。土壙墓などの弥生墳墓は150基を超えており、その上に小円墳が10基分布しています。ただし、調査された古墳は8基で、写真に見える2基の円墳（4・5号墳）は未調査のまま保存されています。

遺跡公園内には、弥生時代、古墳時代それぞれの説明板があります。また、土壙墓・木棺墓のレプリカや横穴式石室の内部模型などがあり、学習できるようになっています。ただし、あまり利用されていないようですし、整備も行き届いておらず、惜しい気がします。東側から回ると駐車できる場所があり、墳墓群が見える所までは、段差なく行けます。

057 | 名残伊豆丸古墳 なごりいずまるこふん
宗像市名残174

名残伊豆丸古墳は、宗像市の名残公民館近くにある古墳です。未調査のため墳形は不明ですが、6世紀末〜7世紀初の築造とされています。

名残公民館の向かいに、墓石や灯籠と並んでお堂があります。そのお堂の

名残伊豆丸古墳（お堂の裏）　　　　　　　名残伊豆丸古墳石室内

裏に古墳の石室が開口しているのです。お堂の中には木像仏や石像仏が置かれていますが、奥の中央部にも扉があり、石室内の不動仏を拝めるようになっています。石室は全長8.5mの横穴式石室で、巨石が使用されています。羨道は狭く、大人1人が通れる程度です。木札に貼られている説明では、江戸時代の明和9（1772）年に牛の疫病が流行した時のこととして、占いによってこの石窟を探し出し不動仏を安置したところ、疫病が収まった、という言い伝えが紹介されています。

058 ｜ 久原澤田古墳群 くばらさわだこふんぐん
宗像市久原400（宗像ユリックス内）

　久原澤田古墳群は、公営の総合施設、宗像ユリックスの敷地内にあります。施設の建設に先立って昭和60（1985）年から発掘調査が行われた結果、弥生中期や古墳時代の墳墓も見つかりました。その中で、前方後円墳1基、円墳3基が復元保存されることになったそうです。6世紀中頃の築造と見られる前方後円墳（3号墳）は墳長45mで、埋葬施設の横穴式石室は埋め戻されていますが、周溝や周堤も復元されています。4号墳は直径15m、5号墳は直径16m、6号墳は直径21mのいずれも円墳で、6世紀前半の築造とされています。

　説明板が奥にあるため、古墳だと気づかない人も多いようです。

久原澤田3号墳

平等寺瀬戸1号墳

059 | 平等寺瀬戸1号墳 びょうどうじせといちごうふん

宗像市泉ヶ丘1-4（泉ヶ丘中央公園）北東100m

　宗像市の赤間西小学校周辺は、宅地開発によって遺跡や古墳群が見つかりましたが、ほとんどが発掘調査後に消失しました。平等寺瀬戸遺跡では、古墳2基、小型石室墓5基、土壙墓1基が発掘され、現在、1号墳（直径20mの円墳、6世紀後半築造）のみが復元されています。全長10mの横穴式石室が南に開口していますが、格子扉で閉じられています。

060 | 東郷高塚古墳 とうごうたかつかこふん

宗像市日の里3-4-17（日の里第12号公園内）

　東郷高塚古墳は、4世紀後半の築造と推定される宗像地方で最古級の前方後円墳です。日の里団地の造成で発見され、現状のまま保存されることになりました。墳長は64.4mで、森の中に入ると、その墳形を確認することができます。隣接して、北側に東郷5号墳、南側に東郷3号墳の2つの円墳があります。埋葬施設は粘土槨で、その上面には赤色顔料が塗られ、内部には割竹形木棺が納められていました。盗掘でかなりの副葬品が失われていますが、勾玉や埴輪、土器、鉄器が出土しました。公園とはいえ、森がそのまま石垣

日の里第12号公園（古墳に続く階段）　　　　東郷高塚古墳

で囲まれているだけで足場が悪く、車椅子では入れません。北東側の階段を
上ると説明板があります。

　なお、ＪＲ鹿児島本線を挟んで北西200ｍ先には、弥生時代中期の集落跡
で公園整備された田熊石畑遺跡歴史公園「いせきんぐ宗像」（宗像市田熊２
－２－13）があります。

061 | 桜京古墳 さくらきょうこふん
宗像市牟田尻2019

　二十数基からなる桜京古墳群は、200基を超すとされる牟田尻古墳群の支
群です。その中心が前方後円墳の桜京古墳（墳長39ｍ）で、後円部の横穴式
石室に装飾があります。６世紀後半の築造と考えられています。江戸時代に
開口していたようですが、昭和46（1971）年、東海大学付属第五高校（当
時）の考古学研究会の生徒２名によって装飾が発見されました。石室の全長
は約９ｍで、後室は長さ約４ｍ、幅２ｍあり、高さ3.6ｍと高い天井の造り
になっています。奥壁の中ほどには石棚が設けられ、その前に左右に石柱を
立てて、石屋形を構成しています。彩色画は、奥壁腰石と左右石柱に赤青黄
の３色で連続三角文が描かれており、「装飾古墳データベース」で見ること
ができます。
　神湊交差点から南東へ200ｍほど行った道沿いに、装飾が描かれた屋根付

| 桜京古墳の説明板 | 桜京古墳墳丘 |

きの説明板（写真）があります。古墳はそれから10分ほど山道を登った先にありますので、車椅子では行けません。

062 島津・丸山古墳群 しまづ・まるやまこふんぐん
遠賀郡遠賀町島津570－1北

　島津・丸山古墳群は、遠賀川下流の遠賀町島津にあり、丸山1号墳（墳長57mの前方後円墳、通称「島津丸山古墳」）、丸山2号墳（一辺18mの方墳）、丸山3号墳（直径17mの円墳）、小古野1号墳（直径12mの低円墳）、小古野2号墳（直径11.5mの低円墳）の5基からなります。

丸山1号墳

　平成8（1996）年に歴史自然公園として整備される際、尾崎地区にあった尾崎・天神遺跡3号墳の横穴式石室や、南に隣接していた塚の元古墳群（10基、消滅）の2号墳の箱式石棺も移築・復元されています。丸山1号墳は、撥形の墳形などから遠賀川流域で最も古い古墳（4世紀前半頃）と考えられています。

石塚山古墳（苅田町役場駐車場より）　　　石塚山古墳前方部に立つ浮殿神社

063 | 石塚山古墳 いしづかやまこふん

京都郡苅田町富久町１－19－２

　石塚山古墳は、３世紀末～４世紀初の築造と考えられる九州最古・最大級の前方後円墳です。築造時の推定墳長は130ｍ、後円部径は80ｍで、前方部はやや撥形に開いています。現状では、前方部に浮殿神社が建っており、築造時より削平されています。後円部中央に長さ約７ｍ、幅1.4ｍの竪穴式石室があり、寛政８（1796）年に、村人（庄屋銀助）により銅鏡十数面などが発見されています。その出土品は、近くの宇原神社に所蔵されており、６種７面の三角縁神獣鏡や素環頭鉄刀などが現存しています。また、昭和62（1987）年に本格的な発掘調査が上記石室を中心に行われ、平成12（2000）年から翌年にかけては、墳丘の発掘調査が実施されました。　後円部北東側の裾には苅田町歴史資料館があり、町内の出土品を展示しています。

　石塚山古墳の北は、苅田山笠の神事場となる苅田町役場の広い駐車場（写真）になっています。苅田山笠は、宇原神社の神幸祭で、室町時代以来、約570年の歴史があるとされます。もともと宇原神社は、この神事場（浮殿の地）にあったといわれており、神幸祭は古墳と深い関係があるように思えます。ただ、勇壮な山笠の「突き当て」が始まったのは、大正時代からのようです。

なお、石塚山古墳と同規模でほぼ同時代の築造と考えられるものに、大分県杵築市の小熊山古墳（墳長約116.5mの前方後円墳）があります。神戸市の五色塚古墳（墳長194m）をはじめとして、海上交通のランドマークとしての機能を持った古墳が4世紀末頃から瀬戸内海沿いに現れますが、石塚山・小熊山両古墳は、その先駆けのような感じがします。石塚山古墳と次に取り上げる御所山古墳は、100mを超える墳長規模で、かつては周防灘の海上から眺めることができたと思われます。

064 | 御所山古墳 ごしょやまこふん
京都郡苅田町与原868

　御所山古墳は、国道10号線沿いにある5世紀後半築造の前方後円墳で、墳長は119mと石塚山古墳に並ぶ規模です。後円部の墳頂部には白庭神社の拝殿があり、国道と反対側の道路から神社に上る石段があります。車椅子で行けるルートはないようです。

　拝殿の地下には横穴式石室があり、明治20（1887）年に東京大学

御所山古墳（吉村靖徳氏撮影）

の坪井正五郎によって内部調査が行われ、銅鏡や朝鮮半島系の馬具などが出土したそうです。しかし、調査後に埋め戻され、出土品も宮内庁の所蔵となっています。くびれ部両側に造出があり、部分的ながら水を湛える周溝が今も残っていて、大山古墳など畿内の巨大古墳とよく似た、見事な造りです。

　なお、近くには昭和34（1959）年、宅地造成中に初期の横穴式石室が見つかった番塚古墳（苅田町尾倉4335）があります。墳長50m程度の前方後円墳と考えられ、九州大学の考古学研究室から調査報告書が出されています。

065 | 雨窪古墳 _{あまくぼこふん}
京都郡苅田町若久町3－15付近

雨窪古墳

雨窪古墳は、6世紀後半の築造とされる円墳です。東九州道を苅田北九州空港インターで降りた所に道標があり、矢印が示す北の草むらの先に古墳が見えます。現状の墳丘は直径15mほどですが、巨石のまぐさ石を持つ石室（複式横穴式）の全長が約10mであることを考えると、かなり墳丘が削れているようです。開口部は、格子扉で閉じられて中に入ることはできません。

066 | 橘塚古墳 _{たちばなづかこふん}
京都郡みやこ町勝山黒田825（黒田小学校敷地内）

橘塚古墳は、黒田小学校の敷地内にある巨大な石室を持つ古墳です。かつては円墳とされていましたが、平成の調査で南北37m、東西39mのやや横長

橘塚古墳墳丘

橘塚古墳石室内

の方墳であることがわかりました。石室の長さは16.3mで、後室は長さ4.0
m、幅3.2mの長方形をしており、天井までの高さは3.8mもあります。築造
は、6世紀末頃と考えられています。小学校の校舎の地面より低い所にあり、
1mほどの段差があります。東側の太陽の森保育園との境にあるフェンスに
扉があり、そちらからだと段差なしで古墳前まで行けます。小学校でも、パ
ンフレットが用意されています。

067 | 綾塚古墳 あやつかこふん
京都郡みやこ町勝山黒田825（黒田小学校）西300m

　綾塚古墳は、橘塚古墳と同様に花崗岩の巨石石室を持つ円墳です。直径40
mで、山側部分を丸く削って濠を造り、その土を盛り上げて墳丘を築いてい
ます。黒田神社前から南西に向かう道を500mほど行くと、綾塚古墳入口の
道標があり、西側に鳥居と大きく開口している古墳が見えます。
　説明板によると、地元では「綾塚の郷屋」と呼ばれており、景行天皇の妃、
八坂入姫命を祀っているため、女帝窟、女帝権現綾塚と称していましたが、
明治24（1891）年に女帝神社と改められたそうです。まぐさ石の片側を支え
ている石柱は、昔の鳥居の一部です。

綾塚古墳石室の内部（左）と入口（右）

石室の全長は約19mで、複式構造の横穴式石室としては、国内最大級の大きさです。後室は約3.5mの正方形で、家形石棺が安置され、鉄柵で保護されています。慶長年間（1596～1615）に、細川藩の家臣数人がこの石棺を割って小倉へ運ぼうとしたところ、数々の災害が起きたので元に戻した、とされています。確かに、本体・蓋とも4分割され、クサビのあとが残っています。古くから開口していたようで、貝原益軒をはじめ多くの人が訪れており、今も信仰の対象として整備されています。

068 甲塚方墳 かぶとづかほうふん
京都郡みやこ町国作1393－1

　甲塚方墳は、みやこ町の八景山自然公園の中にある6世紀後半築造の方墳です。八景山は標高40mながら見晴らしがよく、一帯は古墳時代から奈良時代にかけて墓域として使用されていたようです。頂上付近には幕末以来の戦死者を祀る護国神社や「八畳岩」と呼ばれる巨岩もあります。

　甲塚方墳の墳丘は、長さ46.5m、幅36.4mの長方形で、高さが9.5mあります。南に開口する複式の横穴式石室は全長14.5m、後室は長さ4m、幅3.7mで、高さは4.6mもあります。近くには、6世紀後半の築造で、直径24mの円墳である彦徳甲塚古墳（みやこ町彦徳873－1）のほか、みやこ町歴史民俗博物館（みやこ町豊津1122－13）があります。

甲塚方墳墳丘

甲塚方墳石室内

穴ヶ葉山1号墳墳丘　　　　　　　　　穴ヶ葉山1号墳石室内

069 | 穴ヶ葉山古墳 あながはやまこふん
築上郡上毛町下唐原

京築

　穴ヶ葉山古墳は、築上郡上毛町にある古墳です。東九州道の上毛スマートインター北側にある山の南斜面に位置しています。斜面には上から3号・1号・2号の3基の古墳があり、その下に駐車場があります。通常、穴ヶ葉山古墳として紹介されるのは1号墳です。

　1号墳は南北41m、東西32mの楕円形の古墳で、開口部から見て右側は2段、左側1段で築成されており、馬蹄形の周溝が巡らされています。単式の横穴式石室は巨大な1枚岩で囲まれ、出土した遺物から6世紀末～7世紀前半に築造されたものと考えられています。玄室へと続く羨道の壁には線刻壁画が見られ、木葉文をはじめ、魚、人物、虫、鳥などが描かれています。特に木葉文は全長52cmと大きく、葉脈も表現されています。保護のため、石室は格子扉で閉じられています。

　なお、下唐原地区には能満寺3号墳（下唐原1426、墳長30～35m）と西方古墳（下唐原1625北東100m、推定墳長56m）の2つの前方後円墳があります。両者は、4世紀に前後して築造されているようです。詳しくは、上毛町のHPで『広報こうげ』2019年4月号と5月号の「上毛風土記」欄をご覧ください。また、上毛町には、古墳時代後期の群集墳も多く存在しています。

筑豊の古墳

古月横穴南斜面（中央が９号墳の墳丘）　　　　古月横穴２号墳

070 | 古月横穴 ふるつきよこあな
鞍手郡鞍手町古門

　古月横穴と呼ばれる横穴墓群は、大正15（1926）年に発見され、その後の調査で40基が確認されました。丘陵の硬い岩盤を洞窟状に掘り込んで造られた有力者一族の墓とされ、６世紀後半〜７世紀後半のおよそ100年間にわたって築かれています。中央に位置する９号墳は、古墳のように墳丘を持ち、墓室内部に朱色で幾何学文様が描かれています。２号、６号墳にも線刻が見られます。副葬品も出土しており、鞍手町歴史民俗博物館に展示保存されています。現在、墓室内部は閉じられて中には入れませんが、丘陵を一巡して見学できるように整備されています。鞍手町すまいるバスの「古月横穴」バス停横に駐車場があり、大きな道標も見えます。ただし、途中で少し山道を越えなければならず、車椅子では行けません。写真では、ケンイチはどちらも寝転んで写っています。

　なお、説明板ではかつて遠賀川が大きく湾入していた地図を示して、横穴墓群が築造された当時も海岸線に近かったとされています。「古遠賀湾」→「古遠賀潟」→「遠賀平野」という遠賀川流域の変化は、古代史に大きく影響しているように思われます。遠賀川河川事務所発行の冊子『わたしたちの遠賀川』（2013年）の歴史解説は、その点で参考になります。

新延大塚古墳

新延鎧塚1号墳

071 | 新延大塚古墳 _{にのぶおおつかこふん}

鞍手郡鞍手町新延1511（新延小学校）南500m

　新延大塚古墳は、遠賀川流域では最大級の横穴式石室を持つ直径30ｍ、高さ７ｍの大型の円墳です。石室の全長は12ｍで、通常の複式構造と異なり、羨道と前室の間にも空間がある３室構造となっています。また、奥行き3.7ｍ、幅3.3ｍの後室はドーム状で、高さは４ｍと広々としています。奥には、不動明王を中心に石仏が祀られ、今も信仰の対象となっています。６世紀後半の築造で、鉄製の馬具など豪華な副葬品が出土しています。通常、石室入口は格子扉で施錠されており、外からは奥に蠟燭立てが並んでいる状況しか見えません。鍵は、鞍手町歴史民俗博物館で借りることができます。少しわかりにくい場所にありますので、説明します。新延小学校横の県道29号線を南東に250ｍほど進んだのち、右手に分かれる細い道をまた200ｍほど進むと右側に墳丘が見えます。さらに墳丘の手前から右へ未舗装の道を進むと、石室に通じる道に出ます。

　なお、新延小学校の敷地内にも、石室が残っている古墳（新延小学校古墳）があります。

072 新延鎧塚古墳群 にのぶよろいづかこふんぐん
鞍手郡鞍手町新延1998

　新延鎧塚古墳群は、新延小学校から東へ300mほどの剣神社横の森の中に
ある5基の円墳です。5世紀中頃の築造と考えられ、こんもりとした杉林の
中にあります。名前の由来は、日本武尊が熊襲との戦いから帰る途中に、
ここに鎧を納めたためとされています。1号墳は直径38mで2段築成の墳丘
に石段が伸び、墳頂に社があります。2号墳は直径5m、3号墳は直径13m、
4号墳は直径5mで、2号と3号墳にも小さな社があります。5号墳は大き
さがわかっていません。

073 竹原古墳 たけはらこふん
宮若市竹原734－3

　竹原古墳は、宮若市竹原の諏訪神社にある直径18mの円墳です。6世紀後
半の築造と考えられ、全長6.7mの複式横穴式石室には、教科書などでよく
見られる壁画があります。壁画は、奥壁に団扇に似た「さしば」と呼ばれる
一対の日除けと空を飛んでいるような龍、馬を曳く人などが描かれているほ
か、袖石の朱雀や玄武のように中国の古墳の形式を真似たものもあります。

竹原古墳の石碑（諏訪神社石段）と石室入口

見学は、近くの「民芸庵」に申し出れば、鍵を貸してくれます（有料）。石室入口を覆う建物には２つの部屋があり、奥の部屋から腰をかがめて進むと、ガラス越しに前室と後室が見えます。諏訪神社の急な石段の上にありますし、石室を見る場所も狭いので、車椅子では無理です。石段の下にある説明板には、カラー写真があります（以前は手描きの模写）。後述する王塚装飾古墳館には、５分の１の石室レプリカが展示されていますので、それを見ると立体的に鑑賞することができます。

　宮若市内には約600基の古墳があるとされ、市の文化財保護基本計画にある「竹原古墳と古代遺跡群」には、79か所の古墳時代の遺跡の分布が示されています。後述する高野剣塚古墳に始まるこの地域の古墳文化の解明が進めば、竹原古墳の個性的な壁画の意味もより深く理解できるかもしれません。

　竹原古墳から南東200ｍほどの道沿いには、直径35ｍの円墳の八幡塚古墳（同市竹原498西）もあります。

074 損ヶ熊古墳 そんがくまこふん
宮若市原田700－2

　損ヶ熊古墳は、直径14.4ｍの円墳です。県道30号線にかかる若宮大橋を渡って南東方向に200ｍ、さらに東北方向に600ｍほど行った道路沿いの丘陵地に墳丘が見えます。全長7.4ｍの横穴式石室が北東に開口しており、奥壁鏡石には、赤色顔料で描かれた格子状の文様があります。ただし、アルミ

損ヶ熊古墳

製の扉でしっかり施錠されており、公開はされていません。「装飾古墳データベース」に装飾の写真などがあります。

高野剣塚古墳　　　　　　　　　　水町遺跡の横穴墓群

075 | 高野剣塚古墳 たかのつるぎづかこふん
宮若市高野234

　高野剣塚古墳は、宮若市高野の興玉神社裏にある墳長62mの前方後円墳で、鞍手地区唯一の前方後円墳です。犬鳴川と黒丸川、山口川が合流する段丘上にあり、5世紀中頃に若宮盆地を統一した首長の墓と見られています。

　石室があったと思われる後円部は、大正元（1912）年の興玉神社建設により半分近く削平され、内部構造は不明とされています。『福岡県神社誌』上巻・鞍手郡には、大字高野の字辻にあった旧興玉神社（祭神猿田彦命）を字塚元の神社（神社名不詳、祭神日本武尊）と合併したが、神社名は興玉神社となった、とされています。境内に庚申塔5基が集められている状況などから、興玉神社の移設が本来の目的で、埋葬施設に注意を払った様子は窺えません。重要な古墳だけに、石室を含めた発掘調査を望みたいと思います。

076 | 水町遺跡 みずまちいせき
直方市上境40-1東

　水町遺跡は、弥生中期から古墳後期の生活の場、埋葬の地と考えられる史跡で、現在公園に整備されています。横穴墓約70基（A群40基、B群30基）

左：川島1号墳（手前）と2号墳（奥）
右：川島11号墳

と円墳1基（水町1号墳）があります。特に岩盤をくり抜いて造られた横穴
墓群（古墳時代後期）が特徴で、埋葬の際に一緒に入れられたと考えられる
馬具や武器、装飾品が出土しています。また、墓前祭祀で使用されたと考え
られる土器、須恵器なども発見されています。横穴墓には、墳丘や周溝を持
つものもあり、1本の墓道に複数の横穴墓が設けられています。人骨が見つ
かった横穴墓や線刻壁画がある横穴墓などもあります。水町1号墳は、6世
紀前半築造の直径約10mの円墳です。横穴式石室を持ちますが、現状では埋
め戻されています。

077 ｜ 川島古墳群 かわしまこふんぐん
飯塚市川島407－2他

　川島古墳群は、飯塚市川島にある円墳群で、いずれも6世紀頃の築造とさ
れます。昭和63（1988）年、道路改良工事中に見つかった古墳（11号墳、通
称「川島古墳」）が装飾古墳とわかり、平成10（1998）年にそれを含む4基
の円墳が復元され、古墳公園として整備されました。1号墳（直径17m）と
2号墳（直径16m）は並んで墳丘が復元されおり、石室は格子扉で閉じられ
ていますが、内部は照明をつけて見ることができます。天井石がない10号墳

も復元されて、石室内部を見ることができます。11号墳（直径15m）は10号墳から西へ下っていく見学用階段の下にあります。南側に開口する石室入口は道路の切取り斜面に面しているため、閉じられています。そのため、見学用階段は、石室の東側に通じています。人物像や円文などが描かれている奥壁は、ガラス越しですが、春と秋の一般公開日に見学ができます。

078 | 小正西古墳 おばさにしこふん
飯塚市小正780

小正西古墳

小正西古墳は、飯塚市小正の須佐神社北西の住宅街に復元されている直径30mの円墳で、6世紀頃の築造とされています。宅地造成に伴い、平成8（1996）年から発掘調査が行われ、葺石や円筒埴輪が密に立てられていたことや、主軸が直行する大小2基の石室がほぼ同時期に構築されていることが

わかり、修復して公園化されました。巫女風埴輪などの形象埴輪やその他の副葬品も良好な状態で出土しました。ただ、住宅地の中なので墳丘全体が鉄条網で保護されるなど、少し異様な現状となっています。

079 | 王塚古墳・桂川天神山古墳
おうづかこふん・けいせんてんじんやまこふん
嘉穂郡桂川町寿命376・同町豆田4581−1

　王塚古墳は、6世紀中頃築造の前方後円墳で、豪華な装飾壁画の横穴式石室を持つ古墳として有名です。JR桂川駅から北へ約1kmの場所にあります。昭和9（1934）年、土取り作業中に偶然発見され、調査が開始されました。石室のほぼ全面に、馬、靫、盾、刀、弓などのほか、蕨手文、三角文、円

王塚古墳墳丘

王塚装飾古墳館の石室レプリカ（前室）

王塚装飾古墳館の石室レプリカ（後室）

桂川天神山古墳（後円部とくびれ部）

文などの幾何学文様が、赤・黄・緑・黒・白の５色で描かれています。盗掘がなかったので、豊富な副葬品が大部分残っており、精巧な造りの馬具類や変形神獣鏡、管玉・耳環などの装飾品、大刀・鉄鏃などの武器・武具が出土しています。築造当時の墳長は約86ｍと推定され、前方部の半分は民家があるために削れているものの、きれいに復元されています。複式の石室は全長6.75ｍで、くびれ部に近い北西側に開口しています。後室の奥には２体用の石枕がある石屋形が据えられ、手前には一対の灯明台と考えられる板石が置かれています。石屋形の上には奥壁から板石を突き出した石棚が築かれ、また前室と後室をつなぐ通路の上には小窓もあります。石屋形・石棚・小窓の３つを併せ持つ例は珍しく、王塚古墳の特徴です。隣接する王塚装飾古墳館（コダイム王塚）は、古墳の後円部を模した展示館で、中央部には装飾を忠実に再現した石室が復元されており、車椅子でも前室から後室まで入ってい

くことができます。なお、古墳公開日には実際の石室内も見学できます。

　桂川天神山古墳は、王塚古墳から南東約700mの豆田天満宮の裏にある前方後円墳です。最近の九州大学の調査で墳長68mとわかり、周溝と周堤も確認されました。築造は王塚古墳の後の6世紀後半とされていますが、石室の存在がわからず、内部の調査は行われていません。くびれ部付近が社殿によって削られているのは、2代福岡藩主黒田忠之が穂波川沿いから天満宮を移転させたためだそうです。国道200号線を跨ぐ歩道橋が参道となっている、珍しい神社です（自動車は国道から入れます）。

080 | 沖出古墳 おきでこふん
嘉麻市漆生78-1

　沖出古墳は、嘉麻市漆生にある4世紀末築造の前方後円墳です。墳長68mで、全体が葺石で復元されており、一部は実際に残されていた葺石が使われています。後円部墳頂に竪穴式石室があり、割竹形石棺がありました。現状では、石室へ曲線的な階段が造られており、ガラスの扉越しに石棺の様子を見ることができます。周溝も完全に復元されているほか、円筒埴輪や家形埴輪なども出土した場所に復元されています。築造時の様子を見事に再現しており、県内で最も美しい復元古墳といえます。タイル製の説明板にも、景観に配慮した工夫が見られます。

沖出古墳全景

沖出古墳後円部（階段の上が石室）

夏吉1号墳石室入口　　　　　　　　夏吉21号墳石室入口

081 夏吉1号墳・夏吉21号墳

なつよしいちごうふん・なつよしにじゅういちごうふん

田川市夏吉2657・同市夏吉2449

筑豊

　夏吉古墳群は、田川市夏吉にある39基からなる古墳群です。1号墳（直径14.2mの円墳。石室全長8.2m）と21号墳（直径21mの円墳。石室全長12.5m）は、ともに6世紀後半期に築造されており、巨石の石室で知られます。常時開口して石室内に入ることはできますが、公開日には文化財担当者が案内してくれます。ただし、いずれも、車椅子では近づけません。

082 セスドノ古墳 せすどのこふん

田川市伊田3847−3 他

　セスドノ古墳は、築造当時（5世紀末〜6世紀初）は直径35mの円墳で、6mの周溝と16mの周堤があったとされますが、土木工事で削平されたため、発掘調査後に旧状を尊重しながら芝張りしています。全長4mの横穴式石室からは、直弧文の鹿角製刀装具や武器、馬具、装飾品などの副葬品が埋蔵当時のまま発見されたそうです。田川市石炭・歴史博物館から北東約3㎞の所にありますが、少しわかりにくいです。ダイニングレストラン「千の道」を目指していけば、隣の芝生公園に説明板が立っています。

また、公園東側には、日本最古
級の馬形埴輪と甲冑形埴輪が出
土した猫迫1号墳（田川市伊田
3838）がありますが、埋め戻され
て石室の一部が見えるだけです。
田川市石炭・歴史博物館では、上
記の古墳を含む田川市内の遺跡か
らの出土品が展示されています。

セスドノ古墳

083 | 位登古墳 いとうこふん
田川市位登1506−1北

　位登古墳は、築造時の推定墳長60mの前方後円墳（現状は52m）で、田川
地区では最古・最大級の古墳とされています。後円部で組合式の箱式石棺が
確認され、赤色顔料が付着した人骨が残っていました。国内産の内行花文
鏡や碧玉製管玉、鉄製大刀片などが出土しています。田川地区清掃施設組
合乙女環境センターの北（野球グランドの横）にあります。大木が数本あり
ますが、少し離れると墳形が確認できます。後円部墳頂にコンクリート造り

位登古墳。右は「古代豪族
之碑」と刻まれた石碑

の地蔵堂があり、その横に「古代豪族之碑」と刻まれた石碑があって、今も
地域の信仰を集めています。

084 | 建徳寺2号墳 _{けんとくじにごうふん}
田川郡大任町今任原1666－2東

　建徳寺2号墳は、田川郡大任町にある「ふるさと館おおとう」の建物から
道路を隔てた東の丘陵部にあります。6世紀後半の築造とされる直径20mの
円墳で、発見時に石室の天井石がなかったため、ドーム状の建物で覆われて
います。建物に入ると、復元された石室内部をガラス越しに見学できるよう
になっています。石室が開口していた南東側には、斜面から遺体を運び入れ
る6mの墓道も復元されています。建物は普段施錠されていますが、ふるさ
と館に申し出ると案内してくれます。すぐ横に方墳の1号墳がありましたが、
道路工事で消滅したそうで、本来1・2号あわせた前方後円墳だったという
見方もあるそうです。周囲は遊歩道が整備された公園で、サボテン園もあり
ます。

　また、ふるさと館の約1km北には、日本最大級とされる「道の駅おおとう
桜街道」があり、身障者トイレも利用できます。

筑豊

建徳寺2号墳の石碑

建徳寺2号墳石室の覆屋（前は墓道）

筑後の古墳

花立山穴観音古墳

花立山穴観音古墳石室内

085 花立山穴観音古墳 はなたてやまあなかんのんこふん

小郡市干潟1053（花立山城山公園）南東

　花立山穴観音古墳は、小郡市干潟の城山公園南東にある6世紀末頃築造の前方後円墳です。以前は円墳と思われていましたが、平成16（2004）年からの調査で、墳長33mの帆立貝式古墳であることや、周溝を合わせると全長45mになることなどが確認されました。南に開口している大型の横穴式石室は、全長12.3mで、玄室の奥には多くの石仏が置かれ、現在も信仰の対象となっています。また、石室の壁面には格子文、斜格子文、連続三角文などの線刻文様があり、装飾古墳であることもわかりました。線刻に関しては、小郡市埋蔵文化財調査センターのサイトにある「小郡バーチャル見聞録」のVRパノラマギャラリーで詳しく見ることができます。

　花立山は標高130mの小さな山ですが、小郡市と筑前町の境界にあり、かつては筑後国と筑前国の国境の目印になっていました。花立山には小郡市域だけでも約300を超える古墳が点在するといわれており、散策路沿いでも露出した石室をいくつか確認できます。城山公園の案内板では山越えのルートが示されていますが、公園入口から南東に延びる細い農道を進む方が簡単に行けます。森の前の説明板が目印です。

086 祇園山古墳
ぎおんやまこふん
久留米市御井町306（出目天満宮）南西

祇園山古墳

　祇園山古墳は、久留米市御井町の高速道路脇にある、一辺約23ｍの方墳です。4世紀前後の築造と考えられ、墳丘の外周からは、発掘調査時に甕棺墓3基、石蓋土壙墓32基、箱式石棺7基、竪穴式石室13基、そのほか不明な埋葬施設7基が確認されています。古墳時代初期のものとされ、卑弥呼の墓という説もあります。この古墳を保存するために、高速道路を迂回させたそうです。

087 御塚・権現塚古墳 おんつか・ごんげんづかこふん
久留米市大善寺町宮本

　御塚・権現塚古墳は、久留米市大善寺町にあり、三潴地方を代表する古墳です。現在、一帯は「御塚・権現塚史跡の広場」として公園化されています。御塚古墳は、墳長76ｍの帆立貝式前方後円墳で、3重の周溝・周堤を巡らしており、周堤の外径は123ｍに達します。ただし、前方部は県道23号線と西鉄天神大牟田線の線路で削られており、現状では円墳に見えます。権現塚古墳は直径51ｍの円墳で、2重の周溝・周堤とその外側に空濠があり、外径は150ｍにおよびます。出土した円筒埴輪片などから、両古墳は5世紀後半〜6世紀初に相前後して築造されたと考えられています。

御塚（左）・権現塚古墳（吉村靖徳氏撮影）

御塚古墳　　　　　　　　　　　　　　　権現塚古墳

　もともと、この地域には「イロハ塚」と呼ばれる40基余りの古墳群があり、大正時代の耕地整理で、この２つだけが残されました。いずれも『日本書紀』に見える水沼君一族の墓だと考えられ、岩戸山古墳の磐井氏との関連性も指摘されています。

　公園の南に大善寺玉垂宮という神社があり、１月の神事である「鬼夜」は、日本三大火祭りの１つとされています。

088 | 田主丸大塚古墳 たぬしまるおおつかこふん
久留米市田主丸町石垣

　田主丸大塚古墳は、久留米市田主丸町の大塚古墳歴史公園にあります。墳長103m、後円部の直径60mの大型前方後円墳で、６世紀後半の築造と推定されています。昔は円墳と思われていましたが、平成４（1992）年からの発掘調査により南に長い前方部が認められました。また、後円部西側に造出があることや、南西側に横穴式石室があることなどもわかっています。９基確認されている田主丸古墳群のうちで最大のものであり、大塚３号墳とも呼ばれます。公園に整備される以前は、古墳西側に木造の民家が並んでいました。公園化は、道路を隔てた北側の果樹園から始まり、大塚２号墳（円墳）が復元されました。さらに大塚３号墳の前方部周辺が整備され、平成27（2015）年に完了しました。

田主丸大塚古墳全景

田主丸大塚古墳後円部

前方部側より見た田主丸大塚古墳

089 森部平原古墳群 もりべひらばるこふんぐん
久留米市田主丸町森部

　森部平原古墳群は、大塚古墳歴
史公園の南の平原自然公園内にあ
る群集墳です。古墳時代後期（6
世紀後半）に築造されたもので、
直径10m前後の小円墳が70基確認
されています。江戸時代末期には、
旧田主丸町の範囲で1,000基を超
える古墳が存在していたといわれ
ています。

森部平原古墳群中の1基

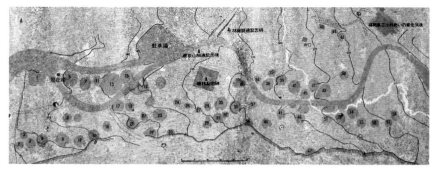

森部平原古墳群現地説明板の古墳分布図

　この古墳群は、古墳時代後期の群集墳の様子を伝える貴重なもので、福岡
市の油山や鴻巣山の山麓でも同様の状況があったと想像されます。

090 | 善院1号墳 ぜんいんいちごうふん
久留米市田主丸町地徳1974－1（善院公民館）北

　善院古墳群は、県道151号線善院バス停から南の集落内に点在している8
基の円墳群です。このうち1号墳は直径17mの円墳で、道路に面しており、
すぐにわかります。墳丘は築山のようになっていて、かなり改変されていま
すが、全長8mあまりの横穴式石室は南西に開口していて、中に入ることも
できます。このほか、直径が25mを超える4号墳や、巨石を用いた8号墳、

善院1号墳墳丘

善院1号墳石室

石室に石棚を持っていたとされる7号墳などがあります。2号墳は、1号墳南の公民館の横に、石室だけがコンクリートの覆屋で保護されています。

091 | 下馬場古墳 しもばばこふん
久留米市草野町吉木2263付近

　下馬場古墳は、久留米市草野町にある円墳で、装飾古墳としてよく知られています。現地の説明板では墳丘規模は直径30ｍとなっていますが、平成24（2012）年の調査で直径は42ｍで、その外側に幅5ｍの周溝が巡っていることがわかったそうです。6世紀後半の築造とされます。

　石室入口の横に覆屋があり、ドアには鍵が掛かっていますが、近くの地主宅で鍵を貸してくれます（問い合わせは、久留米市文化財保護課へ）。ドアを開けると、すぐに羨道部に降りる階段があり、内部を照らすサーチライトが用意されています。横穴式石室の前室と後室には、赤と青色で同心円や三

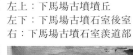
左上：下馬場古墳墳丘
左下：下馬場古墳石室後室
右：下馬場古墳石室羨道部

筑
後

角文が描かれ、後室の右壁には船のような図形が見られます。青色はかなり退色していますが、赤（朱）色は鮮やかに残っており、感動的です。車椅子を降ろすのは難しいですが、写真のように「抱っこ」ができるならば、さほど危険がなく実際に装飾壁画を見ることができます。この古墳のVR画像も、「装飾古墳データベース」にあります。

　下馬場古墳は、草野町の吉木若八幡宮周辺にある吉木古墳群の1つで、ほかに地蔵尊古墳、中馬場2号墳、中馬場3号墳、上諸富古墳、穴観音古墳などがあり、同じ吉木地区には江下小路古墳、合原4号墳、上江下小路古墳などもあります。

092 | 前畑古墳 まえはたこふん
久留米市草野町草野506

　前畑古墳は、久留米市草野町にある装飾古墳です。山辺道文化館から久留米つばき園へ向かう途中に「史跡前畑古墳」の道標があります。直径20mの円墳とされますが、現状は、墳丘が削れて土地が小高く盛り上がっているだけです。説明板を目印に原っぱを進むと、民家の軒下近くに石室の開口部が見えます。柵はないので石室内に入ることはできますが、懐中電灯が必要です。7世紀前後の築造で、石室の中に赤い円文が残っています。この古墳のVR画像も、「装飾古墳データベース」の中にあります。

前畑古墳石室入口

前畑古墳石室後室

芋払古墳群の古墳A

中原狐塚古墳墳丘

093 | 芋払古墳群 いもはらいこふんぐん
久留米市草野町草野

　芋払古墳群は、久留米市草野町にある横穴式石室を持つ小円墳群で、11基あったとされますが、現在確認できるのは5基だそうです。久留米つばき園から南に山道を500mほど登っていくと、道の脇に1基の古墳（古墳A）があり、石室奥に5体の石仏が祀られています。ほかの4基（古墳B～E）はその上にあるようですが、山の中でよくわかりません。

094 | 中原狐塚古墳 なかばるきつねづかこふん
久留米市田主丸町地徳2715（山苞の駅）南東

　中原狐塚古墳は、いわゆる「山苞の道」（県道151号線より1つ山側で、田主丸大塚古墳に通じる道）沿いの田主丸町地徳にある装飾古墳です。公共の休憩所「山苞の駅」が目印で、実際は迂回する必要がありますが、道路を隔てた畑の中に土嚢で固められた墳丘があります。現在、保存のため未公開となっており、次第に草や竹に覆われてきています。6世紀後半の築造で、直径約19mの円墳だったと考えられています。全長11mの石室内に、赤・緑・青の彩色で、同心円文を中心に靫・船・人物などが描かれていました。

近くの田主丸町益生田には、同じく装飾古墳で有名な寺徳古墳（田主丸町益生田1305−1北）が、県道151号線のすぐ脇にあります。頑丈な鉄の扉で石室入口が封鎖されていますが、公開日には見学ができます。

095 | 石人山古墳 せきじんさんこふん
八女郡広川町一條1436−2南

　石人山古墳は、広川町の古墳公園資料館「こふんピア広川」の入口から見える森の中にあります。築造時期は5世紀前半〜6世紀中頃とされ、筑紫君磐井の祖父の墓といわれています。墳長107mの前方後円墳で、墳丘は自然のままに任されており、墳形を一望することはできません。くびれ部上に石人社という建物があり、中に名前の由来となった武装石人が立っています。高さ1.8mで、三角板短甲と草摺（垂れ）を身につけ靫を背負っていますが、かなり剥落しています。後円部墳頂にはドーム状の建物があり、その中に天井部がなくなった竪穴系横口式石室が保護されています。石室中央には、阿蘇凝灰岩製の横口式家形石棺があり、石棺の蓋には直弧文や重圏文が浮き彫りされているほか、寄棟造の妻側に縄掛突起が造り出されています。

　八女丘陵一帯には、石人山のほか、弘化谷、岩戸山、乗場、善蔵塚、丸山塚、茶臼塚など約300基もの古墳があり、あわせて八女古墳群と総称されています。

こふんピア広川入口（裏山が石人山古墳）

石人山古墳の石人社（中に武装石人）

弘化谷古墳石室入口　　　　　　弘化谷古墳奥壁のレプリカ
　　　　　　　　　　　　　　　　（こふんピア広川）

096 弘化谷古墳 こうかだにこふん
八女郡広川町広川

　「こふんピア広川」から車で５分ほど東に、装飾古墳で有名な弘化谷古墳
（６世紀中頃築造）があります。直径39ｍの円墳で、現状では２段築成の墳
形と周溝部分がきれいに復元されています。果樹園造成中に、偶然石室が発
見されたそうです。単室と考えられる玄室の奥には石屋形があり、その奥壁
には薄く赤を地塗りした上に濃い赤や石材の緑色で三角文・円文・双脚輪
状文が描かれ、靫は輪郭が線刻されていました。公開日にはガラス越しに
見学ができます。石室まではコンクリートの通路があり、一応バリアフリー
とされていますが、狭くて車椅子では進めません。また、実際は見えにくい
ので、「こふんピア広川」でレプリカを見ておいた方がいいでしょう。

097 岩戸山古墳 いわとやまこふん
八女市吉田1396－1

　八女古墳群のほぼ中央に位置する岩戸山古墳は、墳長135ｍで九州最大級
の前方後円墳であり、周溝・周堤を含めると全長170ｍになります。この古
墳は、『日本書紀』の継体天皇21（527）年の記事にある筑紫君磐井の墓とさ

筑後

岩戸山古墳の別区にある石人と石馬（レプリカ）

別区より見た岩戸山古墳後円部

岩戸山歴史文化交流館前の筑紫君磐井像

れ、築造の年代と造営者がわかる大変珍しい例とされます。古墳の墳丘・周
堤などからは、阿蘇凝灰岩で造られた武装石人や裸体石人、動物、靫・盾
などの武具が見つかりました。また、後円部に斜めに接続する形で、約43m
四方の別区（衙頭とも）といわれる正方形の場所があり、そこに石人・石馬
が置かれていました。複製品ですが、別区には今もその石像があります。

　古墳の南側に吉田大神宮という神社があり、社殿はくびれ部を削る形で造
られています。また、後円部墳頂には、玉垣の中に「大神宮舊跡」と彫られ
た石碑があります。本来、後円部には伊勢社があったようで、大正時代に付
近の天満宮を合祀して現在の土地に移設した際に、大神宮と改称されたよう
です。埋葬施設は未発掘ですが、後円部に被葬者の祭礼を起源とする施設が
あったのではないでしょうか。やがて、被葬者は忘れ去られて一般的な土地
神の社となり、権威づけや時代の要請によって神話の祭神を祀る神社へとつ

ながっていったように思われます。

　平成27（2015）年、旧岩戸山歴史資料館にかわって、古墳の北側に岩戸山歴史文化交流館「いわいの郷」が建てられ、岩戸山古墳だけでなく八女市の文化財全体を紹介するセンターとなりました。交流館の玄関前には、筑紫君磐井の像があり、郷土の方々の尊崇の気持ちを感じます。

　なお、岩戸山古墳の前方部から西150mほど先には、岩戸山4号墳（八女市吉田1380、別名は下茶屋古墳）があります。この古墳は直径約30mの円墳で、巨石を用いた特殊な3室構造の横穴式石室を持っており、7世紀前半の築造とされています。民家に囲まれていますが、石室は開口したままです。

098 乗場古墳・丸山塚古墳
のりばこふん・まるやまづかこふん
八女市吉田1640・同市宅間田1233東

　乗場古墳は、6世紀中頃築造の墳長70mの前方後円墳で、県立福島高校の正門前にあります。複式横穴式の石室内には、赤・青・黄3色の顔料で連続三角文、菱形文、同心円文、靫などが描かれています。石室を保存する施設がありますが、保護のため現在は閉鎖されています。

　丸山塚古墳は、6世紀後半築造の直径33mの円墳で、複式横穴式の石室内には赤・緑・黄などの顔料で連続三角文や蕨手文が描かれています。ただし、石室は保護のため、調査後に埋め戻されています。眺めもきれいな桜の名所

乗場古墳石室保存施設

丸山塚古墳墳丘

で、駐車場やトイレも整備されています。また、それぞれ200mほどの近い所に、善蔵塚古墳（推定墳長95mの前方後円墳、広川町六田348－1東）と八女茶臼塚古墳（直径24mの円墳、八女市宅間田1233北東300m）があります。これら八女古墳群の出土品は、岩戸山歴史文化交流館で見ることができます。

099 | 鶴見山古墳 つるみやまこふん
八女市豊福857東

　鶴見山古墳は、八女市豊福にある墳長87.5mの前方後円墳で、周溝部分を含めると104mになります。ただし、前方部は果樹園などの畑となって消滅しており、2段築成の後円部が風雨に削られて鏡餅のように残っています。築造は6世紀中頃とされ、岩戸山古墳の次世代あたりとされています。遊歩道から後円部前まで車が入れるので、車椅子でも直接行けます。後円部南側に石室がありますが、江戸時代に天井石が抜かれ、壊れたままでした。平成15（2003）年になって発掘調査が行われ、複式の横穴式石室であることや赤色の彩色と線刻の装飾が確認されました。さらに、平成17年には石室前の周溝部分から損傷が少ない武装石人が発見されました。8月6日付の「西日本新聞」朝刊では、石人の写真を載せ、反乱鎮圧後も磐井一族が勢力を保っていた可能性を報じています。現地に行ったのは、その調査中でした。

鶴見山古墳後円部

鶴見山古墳発掘調査中の立て札

童男山1号墳（古墳前は広場）　　　　　童男山1号墳石室内

100 童男山古墳群 どうなんざんこふんぐん
八女市山内1281他

　童男山古墳群は、八女市山内にある円墳群です。合計27基が見つかっており、石室を開口したまま保存されています。国道442号線から脇道を北へ進むと、「八女古墳群自然遊歩道」の案内図が見えます。

　1号墳は、6世紀後半築造の直径48mの円墳で、開口している石室は複式構造の横穴式石室です。後室に凝灰岩（ぎょうかいがん）の巨大な石屋形（いしやかた）があり、石棚・石棺など特徴的な内部構造を持っています。急な階段を上って正面に行く道のほか

八女古墳群自然遊歩道　　　童男山22号墳　　　　ふれあいの家入口の
　の案内図　　　　　　　　　　　　　　　　　　　　徐福像

に、北側の「ふれあいの家南筑後」側から古墳前の広場に出る道もあります。広場からは星野川や矢部川流域を眺めることができます。

　ここは徐福伝説の地で、古墳群は徐福一族の墓ともいわれ、ふれあいの家入口には、徐福の銅像があります。毎年1月20日は徐福の命日とされ、「童男山ふすべ」という行事が行われています。

101 欠塚古墳 かげつかこふん
筑後市前津1784－1東

　欠塚古墳は、筑後市前津にある墳長45mの前方後円墳です。5世紀後半の築造で、磐井氏配下の豪族の墓と考えられています。八女古墳群では南端にあたり、県道86号線の欠塚交差点から南に約300m先の道路沿いに復元されて、小さな公園になっています。もともと前方部が短い墳形だったとされていますが、今は南に隣接する駐車場で削られ、前方部の根本部分だけが残っています。その根本部分の西側には造出があり、現状では片側だけが階段状の墳形になっています。昭和と平成の両時代に調査が行われていますが、平成の時には石室を形成する石が多く取り去られていたようです。そのため、復元された石室（竪穴系横口式石室）は小さなプールのようになっています。おそらく、石室の脇に置かれている大きな平たい石だけが、当時の石室の一部だと思われます。出土品のガラス玉や円筒埴輪、須恵器などは、水田天満

欠塚古墳墳丘

欠塚古墳石室（竪穴系横口式石室）跡

宮近くの筑後市郷土資料館に展示されています。近年急に有名になった恋木<ruby>恋木<rt>こいのき</rt></ruby>神社は、水田天満宮の末社です。

102 | 黒崎観世音塚古墳 <ruby>くろさきかんぜおんづかこふん</ruby>
大牟田市岬2386（黒崎公園内）

　黒崎観世音塚古墳は、有明海沿岸部では最大の前方後円墳（墳長97ｍ、4世紀末築造）です。大牟田市北西部の黒崎山周辺で舟形石棺などの出土があったため、平成6（1994）年に調査が行われ、古墳の存在が明らかになりました。観音堂がある後円部墳頂では、部分的ですが扁平な割石を使った埋葬施設が2基確認されています。前方部から後円部に続く平坦面には壺形埴輪や円筒埴輪が並び、斜面は結晶片岩の葺石に覆われていたと考えられ、築造当時、輝く墳丘が有明海から見えたはずです。

　公園西側の展望台の下は、戦後拓かれた干拓地が広がっていますが、かつては岬に波が打ち寄せる海岸で、「筑後一の名勝」といわれたそうです。この古墳は、海上から見えるランドマークの役割があったように思われます。隣接する玉垂神社も歴史が古く、古墳と関連があるかもしれません。古墳がある黒崎公園は、桜やつつじの名所でもあります。

　なお、市内の東萩尾町には、装飾古墳の萩ノ尾古墳（東萩尾町290、直径21ｍの円墳）があり、朱色の文様がきれいに残っています。

黒崎観世音塚古墳の説明板（黒崎公園）

黒崎観世音塚古墳の後円部（前方部から）

福岡県外の古墳

島田塚古墳

島田塚古墳石室羨道部

103 | 島田塚古墳 しまだづかこふん
佐賀県唐津市鏡

　島田塚古墳は、唐津市鏡にある墳長33.4mの前方後円墳です。南に開口している単室の横穴式石室は、全長4m、幅2.74m、高さ3.27mと広く、6世紀前半の築造とされます。ただ、玄室奥の蓋のない舟形石棺は、4世紀頃のものと考えられています。武具・馬具類や金銅製広帯式冠、銅鋺など豪華な副葬品が出土していますが、多くが東京国立博物館の所蔵となっています。
　唐津市赤水の交差点から久里方向に300mほど行くと「島田塚古墳」の道標があり、その50mほど南の民家を抜けた場所にあります。小規模ですが、きれいな前方後円墳です。

104 | 久里双水古墳 くりそうずいこふん
佐賀県唐津市双水

　久里双水古墳は、唐津市双水にある墳長約90mの前方後円墳です（当初発表は108.5mでしたが、後に訂正されています）。墳形は柄鏡式に近く、3世紀末〜4世紀初に築造された日本最古級の古墳とされます。昭和56（1981）年に宅地造成中に発見され、平成元（1989）年の土地公有化以降、学術調査

久里双水古墳全景

久里双水古墳の竪穴式石室（レプリカ）

と公園整備が交互に行われました。

　後円部の頂上部では天井石３枚で密閉された竪穴式石室が発見されています。石室は、全長2.5ｍ、幅0.8ｍで、内部から舟形木棺を安置したと考えられる舟形粘土床と、中国の後漢時代のものと思われる直径12.1㎝の盤龍鏡（ばんりゅうきょう）１面などが出土しています。平成８年には、石室と盤龍鏡のレプリカが、ガラスに覆われて展示されました。

　なお、この古墳の約400ｍ南にあった双水柴山（そうずいしばやま）２号墳（墳長35ｍの纏向型（まきむく）前方後円墳）は、３世紀末の古墳出現期の築造とされますが、道路工事で消滅しています。また、唐津市内には、日本最古の稲作遺跡とされる菜畑遺跡（なばたけ）があり、その跡地には末盧館（まつろかん）（菜畑3359－２）という博物館があります。いわゆる『魏志倭人伝』の「末盧国」から名付けられていますが、久里双水古墳も、末盧国の王系と深い関係があることは、間違いないでしょう。

105 谷口古墳・横田下古墳
たにぐちこふん・よこたしもこふん
佐賀県唐津市浜玉町谷口・同町横田下

　谷口古墳は、唐津市浜玉町（はまたままち）にある墳長77ｍの前方後円墳です。前方部が低い古い形態で、葺石（ふきいし）がありました。谷口公民館の前の民家の横道から階段を上がっていくと、後円部の東石室につながる鉄の扉が見えます。

　埋葬施設は、後円部に東・西石室の２基と前方部の舟形石棺１基が確認さ

谷口古墳東石室入口　　　　　谷口公民館にある長持型石棺（レプリカ）

れています。東石室（長さ2.95m、幅1.6m）と西石室（長さ3.16m、幅1.85m）は竪穴式石室とされてきましたが、発掘調査により、4世紀末頃に築造された最古の竪穴系横口式石室であることがわかっています。両石室ともに、砂岩製の豪壮な長持型石棺を納め、三角縁神獣鏡のほか、豊富な副葬品を備えていました。大陸との関係も認められ、玄界灘沿岸における古墳文化の伝播と展開を探る上で重要な古墳とされています。東石室は、修復・保存されていますが、通常は鉄の扉で施錠され、見学できません。一方の西石室は、石棺とともに埋め戻されています。2つの石棺はともにレプリカが作られており、東石室のものは浜玉公民館歴史資料室に展示され、西石室のものは谷口公民館の玄関横に置かれています。

　同じく唐津市浜玉町には、横田下古墳があります。単室の横穴式石室を持つ、直径が推定30mの円墳で、鏡山の東麓にあります。

　大正13（1924）年、土地の所有者が山林開墾中に石室の羨道部を掘り当て、内部の石棺を開けた際に副葬品を発見しました。羨道と玄室の壁は、扁平な割石で平積みされ、長さ約4m、幅約2mの玄室は、上部が次第に狭くなって3枚の天井石を支えています。玄室内には3個の石棺があり、8体分の人骨とともに、銅鏡や勾玉などが出土しています。赤い説明板の横に開口部がありますが、現状では鉄柵に南京錠が掛けられており、石棺の様子はわかりません。築造年代は、5世紀前半〜中頃と考えられています。

106 | 樋の口古墳 ひのくちこふん
佐賀県唐津市鏡1231（鏡山小学校）東

　樋の口古墳は、唐津市鏡の鏡山小学校前にある5世紀頃の築造で直径30ｍの円墳です。単室構造の横穴式石室があり、玄室は縦2.7ｍ、幅1.85ｍで、前後に分けるように石障が横切っています。大きな石壁の上に平石をドーム状に積み重ねていく肥後型石室で、天井石まで赤色顔料がよく残っていま

樋の口古墳

す。開口部は格子扉で施錠されていますが、内部は見ることができます。
　なお、近くの唐津鏡神社の境内には、唐津市近郊の出土品を展示した唐津古代の森会館があります。

107 | 金立銚子塚古墳 きんりゅうちょうしづかこふん
佐賀県佐賀市金立町金立

　金立銚子塚古墳は、佐賀市金立町にある墳長98ｍの前方後円墳です。金立特別支援学校入口の交差点を南に少し進み、南西方向に200ｍほど行くと後円部の墳丘が見えます。周溝跡の形のままに4分の1周進むと、後円部南側に案内板と石柱があります。墳形は柄鏡式の前方後円墳で、盾形の広い周溝を持ち、5世紀前後の築造と考えられています。後円部には葺石が多数残っていますが、前方部は開墾と土取りで削られ、低くなっています。埋葬施設は未調査です。大きな古墳で、一望する場所がありませんが、南西方向のあぜ道から見ると大まかな墳形がわかります。

金立銚子塚古墳後円部南側　　　　　　金立銚子塚古墳全景（左が前方部）

108 | 西隈古墳 にしくまこふん
佐賀県佐賀市金立町金立

　西隈古墳は、５世紀末築造の直径30ｍの円墳です。墳丘からは葺石（ふきいし）、円筒埴輪、形象（けいしょう）埴輪などの破片が採集されています。金立（きんりゅう）神社下宮（げぐう）から約300ｍ西のテジマ株式会社の倉庫の手前に「国史跡西隈古墳（500ｍ）」の道標と３尊の石仏が道を挟んで立っており、その道を長崎自動車道近くまで進んだ所にあります（古墳の手前で自動車は入れなくなります）。古墳の横に民家があり、墳丘の一部が削られていますので、石碑と説明板が目印になります。

　墳頂部には、初期の横穴式（竪穴系横口式）石室にいたる窪地（くぼち）があり、石

西隈古墳墳丘　　　　　　　　　　　西隈古墳石室内の石棺

室入口の鉄柵の向こうに円文や連続三角文などの線刻がある横口式家形石棺があります。ただし、一見しただけでは墳頂部の窪みに小さな穴があるだけで、手を伸ばしてカメラ撮影しないと内部の様子はわかりません。「装飾古墳データベース」に地図や画像がありますので、見学前に見ておくことをお勧めします。

109 久保泉丸山遺跡 くぼいずみまるやまいせき

佐賀県佐賀市金立町金立1197（金立公園内）

　久保泉丸山遺跡は、もともと久保泉町川久保にあったものを長崎自動車道建設の際に、金立サービスエリアに隣接する金立公園の中にまとめて移設したものです。縄文晩期から弥生前期にかけての支石墓群と、5世紀から6世紀前半にかけての円墳群が主で、今は古墳8基、箱式石棺墓2基、支石墓16基、甕棺墓1基などが復元されています。特に支石墓に副葬された縄文晩期の壺に籾の圧痕が発見され、初期稲作と朝鮮半島渡来人との関係で注目を浴びました。タイル製の説明板で詳しい解説もされています。

　なお、金立公園には徐福長寿館と薬用植物園があり、観光スポットとなっています。

久保泉丸山1号墳（手前）と2号墳（奥）

船塚古墳

110 | 船塚古墳 ふなづかこふん
佐賀県佐賀市大和町久留間3871－10

　船塚古墳は、佐賀市大和町久留間にある墳長114m（佐賀県最大）の前方後円墳です。長崎自動車道の北に平行する道路に面しており、周囲は農地なので、墳丘がよく見えます。典型的な鍵穴形をしており、5世紀中頃の築造とされています。西側くびれ部に造出があり、後円部周囲の盾形周溝の跡が水田となって残っています。陪塚（大型の古墳に隣接する小規模な古墳）は11基あったとされていますが、今は7基が確認できるそうです。

111 | 風楽寺古墳・導善寺古墳
ふうらくじこふん・どうぜんじこふん
佐賀県佐賀市大和町池上2075北200m・同2075西300m

　風楽寺古墳は、4世紀後半築造の墳長45mの前方後円墳で、大和町池上の畑の中にあります。前方部・後円部ともに墓石が林立しており、お墓のアパートのようです。埋葬施設は不明です。導善寺古墳は、5世紀前半築造の墳長70mの前方後円墳です。風楽寺古墳から西に500mほど行った、宅地と田んぼの境にあります。前方部は、かつて導善寺という草庵があったため、平坦に削平されています。

風楽寺古墳

導善寺古墳

112 伊勢塚古墳 <small>いせづかこふん</small>
佐賀県神埼市神埼町志波屋2020南

　伊勢塚古墳は、佐賀県神埼市に
ある墳長78.4mの前方後円墳（6
世紀中頃築造）です。ただし、前
方部は県道で分断され一部が道路
の反対側に残っています。県道31
号線を神崎インター側から佐賀方
面に行き、東部生コンという工場
の隣にあります。西に開口してい
る全長16.7mの横穴式石室は、近

伊勢塚古墳

隣の人たちで管理されていますが、普段は格子扉に鍵がかけられています。
石室の奥壁には赤色顔料の円文があったとされています。

　なお、近くには吉野ヶ里歴史公園があります。吉野ヶ里遺跡は、『魏志倭
人伝』の邪馬台国の様子を彷彿とさせる弥生時代最大規模の環濠集落として
全国的に知られています。弥生時代中期の14基の甕棺を納めた北墳丘墓（南
北約40m、東西約27m）は、墳丘が復元されるとともに、実際の遺構を見学
できる展示館のようになっています。また、南内郭から南側の丘陵地では、
古墳時代の前方後方墳4基も遺構が確認されています。

113 高柳大塚古墳・姫方遺跡
<small>たかやなぎおおつかこふん・ひめかたいせき</small>
佐賀県三養基郡みやき町原古賀高柳・同町蓑原

　高柳大塚古墳は、佐賀県みやき町にある墳長30mの前方後円墳です。6世
紀後半の築造と考えられています。かつては円墳と思われていましたが、周
溝跡が発見され、短い前方部があることがわかりました。複式の横穴式石室
が南に大きく開口しており、後室の巨大な奥壁と約3mの高い天井が特徴で

高柳大塚古墳墳丘

高柳大塚古墳石室後室

す。羨道の入口も立ったままで入ることができ、見学には最適な古墳です。このまま自由に石室見学ができるように、マナーを守りたいものです。佐賀県道31号線沿いのお弁当屋「みよし」から北へ約500ｍの所にあります。

　姫方遺跡は、弥生時代から古墳時代にかけての遺跡です。甕棺墓400基、土壙墓8基、箱式石棺墓32基、古墳2基、方形周溝墓1基などの遺構が発見されましたが、現在は古墳1基（雌塚）、方形周溝墓1基、環状列石土壙墓1基だけが保存されています。雌塚は、4世紀後半〜5世紀初築造の直径32ｍの円墳です。

114 目達原古墳群 めたばるこふんぐん
佐賀県三養基郡上峰町坊所

　目達原古墳群は、佐賀県上峰町一帯にあった前方後円墳7基、円墳4基以上からなる古墳群です。昭和17（1942）年の陸軍飛行場建設に際して、前方後円墳の中で最も古い「上のびゅう塚古墳」だけが都紀女加王墓（応神天皇の皇子、稚野毛二派皇子の孫）として残されましたが、その他は、5基が隣の土地に7分の1の大きさで復元・改葬され、上峰町古墳公園となっています。上のびゅう塚古墳は全長49ｍの帆立貝式前方後円墳で、5世紀頃の築造と推定されています。宮内庁管轄の陵墓（立入禁止）で、正面には鳥居と柵があり、注意書きの高札が立っています。

都紀女加王墓（上のびゅう塚古墳）正面　　　　　鳥栖剣塚古墳墳丘

115 鳥栖剣塚古墳 とすつるぎづかこふん
佐賀県鳥栖市田代本町

　鳥栖剣塚古墳は、6世紀中頃の築造とされる墳長80mの前方後円墳で、鳥栖市内最大の古墳です。墳丘は葺石が敷き詰められるとともに、埴輪が並べられ、外周は幅5mの周溝が巡っていたそうです。南に開口する横穴式石室は埋め戻されていますが、墓道から須恵器や桂甲（鎧の一種）の破片が出土しています。ここから北東約150m先に鳥栖赤坂古墳があります。

116 鳥栖赤坂古墳 とすあかさかこふん
佐賀県鳥栖市永吉町805

　鳥栖赤坂古墳は、墳長24mの前方後方墳です。築造時期は3世紀末と推定されており、鳥栖市内最古の古墳だそうです。後方部は一辺16mの正方形で高さは2m、東に連接する前方部は縦8mと最長幅5m程度の台形で高さは低平です。全体に約1.5m〜2.5mの周溝があったそうです。埋葬施設は未確認ですが、粘土槨があったとされています。墳丘のくびれ部分と周溝内から古式土師器の二重口縁壺や小型器台などが出土しています。

鳥栖赤坂古墳

ヒャーガンサン古墳

117 ヒャーガンサン古墳
佐賀県鳥栖市弥生が丘7－5（梅坂公園）

　ヒャーガンサン古墳は、6世紀後半築造の円墳（直径20m）です。本来、鳥栖市（と　す）と基山町（き　やまちょう）の境界近くにありましたが、現在の梅坂公園（うめさか）に移築復元されました。石室は全長4.8mの複式横穴式石室で、石室奥壁に赤色の4つの円文が描かれています。壁面を透明な樹脂で覆っているため、写真も撮影できるそうです。年に1回、12月の第1日曜日に彩色壁画系の装飾古墳で有名な田代太田古墳（鳥栖市田代本町）とともに一般公開されています。「ヒャーガンサン」という名称は、「這（は）わせる神様（ハウ・カンサン）」から付いたといわれていますが、はっきりはしません。

118 岩原古墳群　いわばるこふんぐん
熊本県山鹿市鹿央町岩原

　岩原古墳群は、山鹿市（やま　が）鹿央町（か　おうまち）にある双子塚古墳（ふた　ご　づか）と直径20～30m前後の円墳8基からなる、古墳時代中期から後期にかけての古墳群です。双子塚古墳は、墳長107mで、3段築成のきれいな前方後円墳です。一帯は「肥後古代の森・鹿央地区」として公園化され、熊本県立装飾古墳館も建てられています。

双子塚古墳墳丘　　　　　　横山古墳復元石室の羨道内

　装飾古墳館は、建築家、安藤忠雄が設計したユニークな建物で、九州の装飾古墳を忠実に再現した装飾古墳室のほか、石棺の展示など、古墳時代の総合展示場といった雰囲気を持っています。

　また、公園内には旧鹿本郡植木町（現熊本市）にあった横山古墳（墳長39.5mの前方後円墳）も移築復元されています。横山古墳は、九州自動車道建設の事前調査で、石室内（石屋形の袖石）に双脚輪状文が描かれている珍しい古墳だとわかり、石室が解体・保存されていました。復元石室は、車椅子でも入ることができます。葺石がなかったことから、土の墳丘を再現することになり、芝張りではなく真砂土舗装という工法がとられています。赤茶色の墳丘は、羨道入口の鉄の扉を含めて要塞のような感じがします。

119 | チブサン古墳
熊本県山鹿市城字西福寺

　チブサン古墳は、古墳時代後期（6世紀初）築造の墳長44mの前方後円墳で、鮮やかな幾何学模様で有名な装飾古墳です。後円部に複式の横穴式石室があり、後室奥の石屋形内壁に同心円文・三角文などが赤、白、黒で描かれています。中でも、中央に描かれている装飾の文様が女性の乳房に似ていることから、「乳の神様」として、名前の由来になっています。開口部前の駐車場に見学者へのガイダンス施設があり、石屋形やくびれ部に立っていたと

チブサン古墳墳丘 　　　　　　　　チブサン古墳石屋形のレプリカ

される石人のレプリカが展示されています。近くの山鹿市立博物館に申し出れば、石室内部の見学ができます。

120 オブサン古墳
熊本県山鹿市城1800

　オブサン古墳は、6世紀後半築造の直径22mの円墳で、チブサン古墳の北西約200mに位置します。突堤を伴って南に大きく開口している横穴式石室が特徴的で、石室に入ることはできますが、後室の前に文様をイメージした鉄柵があり、その奥へは進めません。チブサン古墳同様に、後室には石屋形があり装飾文が描かれていたとされますが、現状では確認できません。西南

オブサン古墳墳丘 　　　　　　　　オブサン古墳石室前室

戦争で陣地に使われていたため、石室入口には弾丸の跡が残っています。ここにも、近くに見学者へのガイダンス施設があり、閉塞石や副葬品のレプリカが展示されています。名前の由来は「産さん」からきており、安産の神様だそうです。オブサン・チブサン両古墳一帯は、散策路が整備されています。

121 | 八角目古墳群 はっかくめこふんぐん
熊本県玉名郡南関町久重八角目

　八角目古墳群は、南関町久重から大牟田市に向かう県道5号線の八角目峠付近にある古墳群です。福岡県から熊本県側に入った場合は、峠付近で右側に分かれる細い道に「八角目古墳群入口／この先約150M」の標柱があります。それに従って進むとまた標柱があり、未舗装の道を少し進むと、森の中に3つの古墳の石室が開口しています。いずれも直径15m程度の円墳で、巨石の複式横穴式石室を持ち、広い後室に石棚（1号墳）や石屋形（2・3号墳）を備えています。また、1・2号墳は、玄門の袖石上部に梁石をのせる切欠加工が施されている点、3号墳は、刳抜式玄門となっている点が特徴です。このような工夫が、石室がきれいに残った原因と考えられます。ただ、見学を前提とした整備は全く行われていませんので、足元には十分注意する必要があります。

八角目2号墳

江田船山古墳墳丘

福岡県外

122 江田船山古墳 えたふなやまこふん

熊本県玉名郡和水町江田

　江田船山古墳は、5世紀後半築造の墳長62mの前方後円墳です。出土した銀錯銘大刀には「獲□□□鹵大王」の文字が彫られていました。その後、埼玉県行田市の稲荷山古墳から出土した金錯銘鉄剣に「獲加多支鹵大王」という文字が発見されたことにより、「ワカタケル大王」（雄略天皇に比定される）と読むことがわかりました。同時に、東西日本の古墳から同じ王名を記した刀剣が出土したことから、ヤマト王権の支配が広域におよんでいたことを示す根拠とされています。ただ、古墳の周りには短甲を着けた武人の石人が配置されており、ヤマト王権と闘って敗北した筑紫君磐井との関係も深かったのではないかと考えられています。この大刀を含め、家形石棺から出土した金銅製冠帽、純金製耳飾り、金銅製靴など200点あまりの副葬品は、東京国立博物館に所蔵され、国宝となっています。

　この古墳周辺は、「肥後古代の森・菊水地区」として公園化され、虚空蔵塚古墳や塚坊主古墳、京塚古墳などの清原古墳群の主な古墳も復元されているほか、園内の肥後民家村の中に和水町歴史民俗資料館があり、国宝となった副葬品の精巧なレプリカが展示されています。

123 塚原古墳群 つかわらこふんぐん

熊本県熊本市南区城南町塚原1234他

　塚原古墳群は、昭和47（1972）年の九州自動車道建設に伴う調査により発掘されました。その後、県民あげての保存運動の結果、遺跡の下をトンネルが通るという全国初の方法で復元された古墳群となりました。4～6世紀にかけて築造された方形周溝墓や円墳、前方後円墳など全体の総数は約500基と推定されていますが、調査された中から77基が復元されています。美しい古墳公園には、歴史民俗資料館のほか、県民天文台や遊園地などの施設もあ

塚原古墳群案内板　　　　　　　　　　　　花見塚古墳

　ります。ただ、平成28（2016）年の熊本地震で、石棺が崩れるなどの被害が
起きています。以下、主な古墳を簡単に紹介します。
　りゅうがん塚古墳は、直径24ｍの円墳です。最古級の肥後型横穴式石室を
持ち、羨道（せんどう）が玄室の片側に通っている片袖式（かたそで）の構造をしています。
　石之室（いしのむろ）古墳は、直径31ｍの円墳です。蓋石が屋根の形をしている横口式家
形石棺を持ち、内部に線刻で斜格子文が描かれています。
　琵琶塚（びわづか）古墳は、5世紀末～6世紀初の築造と考えられる、墳長54ｍの前方
後円墳です。柄鏡式（えかがみ）とされていますが、見た目は帆立貝式（ほたてがい）のように見えます。
　花見塚（はなみづか）古墳は、塚原古墳群の中では最も大きい墳長46.2ｍの前方後円墳で
す。墳丘の周りには2重の盾形（たて）周溝があり、周溝を共有している円墳もあり
ます。
　丸山（まるやま）2号墳は、5世紀中頃築造の一辺約20ｍの方墳です。熊本県内最大級
の家形石棺（長さ2.4ｍ、幅1.25ｍ）がレプリカで復元され、アクリル板越
しに見学できるようになっています。
　三段塚（さんだんづか）古墳は、直径33ｍの円墳で、周溝部分を含めると直径45ｍとなりま
す。3段の段築をきれいに復元していましたが、熊本地震で墳丘に大きくひ
びが入ったということです。

福岡県外

赤塚古墳墳丘

鶴見古墳墳丘

124 | 川部・高森古墳群 かわべ・たかもりこふんぐん
大分県宇佐市高森京塚一帯（宇佐風土記の丘）

　川部・高森古墳群には、3～6世紀に宇佐平野を支配した宇佐国造の首
長墓とされる6基の古墳のほか、周囲には大小多数の古墳や方形周溝墓が散
在しています。一帯は「宇佐風土記の丘」として史跡公園になっており、公
園内には大分県立歴史博物館があります。

　以下、6基の古墳を簡単に紹介します。

　赤塚古墳は、墳長57.5mの前方後円墳です。宇佐平野を支配した初代首長
の墓（3世紀末の築造）とされ、九州最古級の前方後円墳ともいわれます。
三角縁神獣鏡4面と三角縁龍虎鏡1面が出土しています。近くに20基ほ
どの方形周溝墓群があります。

　免ヶ平古墳は、現状では直径30.5mの円墳の形状をしていますが、本来は
墳長約50mの前方後円墳で、4世紀後半の築造と推定されています。後円部
中央の竪穴式石室に割竹形木棺が納められており、三角縁神獣鏡や斜縁神獣
鏡も出土しています。また、後円部南寄りに箱式石棺があり、若い女性の人
骨とともに斜縁神獣鏡が納められていました。

　福勝寺古墳は、墳長78mの前方後円墳で、この古墳群最大です。森の中に
ありますが、墳形はある程度確認できます。内部は未調査ですが、5世紀前

半の築造と推定されています。

車坂古墳は、墳長58mの前方後円墳です。南側斜面がかなり削平されており、森の中で墳形はよくわかりません。内部は未調査ですが、福勝寺古墳に次いで5世紀中に築造されたと考えられています。

角房古墳は、墳長46mの前方後円墳です。現状では、前方部はほとんど確認できず、円墳に見えます。これも内部は未調査ですが、車坂古墳に次いで5世紀中に築造されたと考えられています。

鶴見古墳は、墳長31mの前方後円墳です。クジラの尾に似た短く幅広い前方部をもち、6世紀中頃の築造と考えられています。現状では端正な墳形が復元されており、後円部西側に開口している横穴式石室は、鉄柵越しに見学することができます。

125 | 亀塚古墳 かめづかこふん
大分県大分市里646−1

亀塚古墳は、4世紀末〜5世紀前半の築造と考えられる前方後円墳で、墳長116m、後円部の高さは10mと大分県最大級の規模があります。古くから海部王の墓であると伝えられていましたが、長い間竹藪に囲まれていました。周辺の開発に伴う発掘調査により国史跡に指定され、公園化が決定したそうです。敷地内には海部古墳資料館があり、大型ジオラマで古墳造りやムラの生活の様子が再現されています。

亀塚古墳の墳丘は白い石英質の葺石で覆われていたとされており、主要な部分には葺石が再現され、残りは芝張りされています。後円部中央に、大小2つの埋葬施設が見つかっており、盗掘で破壊されていましたが、複製品で再現されています。特に、緑泥片岩の板石を組み合わせた第1埋葬施設の石棺は、長さ3.2mにおよび、海部の王にふさわしい大きさです。また、くびれ部西側に造出があり、ここを含めて赤い円筒埴輪がきれいに並べられています。造出では、被葬者の祭祀が行われたと思われます。平野部の少ない海岸部に、これほど大きな古墳が造られたのは、豊かな海の幸に恵まれてい

福岡県外

亀塚古墳墳丘（くびれ部西側の造出にも円筒埴輪が並んでいる）

後円部に復元された石棺（レプリカ）

後円部北側の景色（奥は別府湾）

ただけでなく、ヤマト王権によって航海技術を高く評価されていたからだと
されています。

　なお、別府湾を挟んだ対岸の国東半島南端の杵築市狩宿には、先述した前
方後円墳の小熊山古墳（墳長116.5ｍ）があり、すぐ近くに御塔山古墳（直
径75.5ｍの円墳）もあります。亀塚古墳は、小熊山古墳より約１世紀後のも
のですが、ともに別府湾岸のランドマークとして、周防灘・瀬戸内海の海上
交通に寄与したのではないかと思います。

おわりに ―― ケンイチのこと

■誕生～「にこにこ園」通園

　息子のケンイチは、昭和63（1988）年の秋に双子の女の子とともに生まれました。女の子の方が先で、元気に産声を上げました。ケンイチの方は、その5分後に静かに生まれました。30分後、ふたりとも出生した産婦人科病院から救急車で総合病院へ運ばれ、NICU（新生児集中治療室）に入りました。事前に、かかりつけの産科医からは、総合病院へ運ぶ準備をしていると言われていました。双子でもあり、ある程度覚悟をしていましたので、あまり動揺することなく救急車に同乗しました。ただし、入院手続きの際、2人の名前を尋ねられて驚きました。まだ、出生手続きもしていないわけですから、名前は決めていませんでした。出生手続き、入院手続き、健康保険の申請等々、確かに名前がなければできないことでした。戸籍上はどちらでもよいことですが、名前とともに、どちらを兄・姉とするかも悩みました。ひとまず、しばらくはケンイチの発達が遅いだろうと考え、女の子に姉になってもらうことにしました。

　2週間後に、体重が2,500ｇを超えたということで、お姉ちゃんは退院しました。出産以前から、妻は近くの実家に戻っており、父親の私も世話になることになりました。当時は、私が毎日NICUに行ってケンイチの様子を見ていました。彼は、いつも保育器の中で泣いていました。

　1か月半後、体重も2,500ｇ近くになったので、ケンイチも退院し、妻の実家で家族全員の生活が始まりました。退院時は、出生時の循環不全などの後遺症があるかもしれないと言われただけで、特に何かの障害があるとは聞かされていませんでした。1か月ごとに眼底検査を受けても、特に異状なしとの診断でした。ただ、彼はいつも手を強く握って泣くばかりで、少し強く抱きかかえて揺すると浅く眠りました。そのため、家族の誰かが抱きかかえてあやさなければならず、夜は、私が胸の上に抱きかかえたままで寝る毎日

が続きました。生まれたすぐから毎日顔を見ていたのが父親の私でしたから、一番安心していたのかもしれません。仕事から帰宅すると、ずっと抱いていました。このような状況でしたので、出生後の3か月検診は受診しませんでした。

　半年が経ち、保健所で6か月検診を受けた際、初めて「脳性麻痺」の疑いを指摘され、福岡市の心身障がい福祉センター（心障センター）を紹介されました。正直ショックでしたが、具体的にどんな将来が待ち受けているのか、想像はつきませんでした。翌月の平成元（1989）年4月に心障センターで面接を受け、リハビリのために週一回の通園が始まりました。心障センターの肢体不自由児部門は、「にこにこ園」といいます。9月には保健所の1年検診で斜視の指摘を受け、九州大学病院眼科の診察を経て子供病院で眼科・内科の通院も始まりました。当初、網膜色素変性症の疑いもありましたが、それはないとのことでした。ただし、実際どの程度まで見えているのか、いまだにわかっていません。人の顔の区別はつくようですが、テレビを見ることはありません。これは、凝視することができないといった、視力とは関係がないこと（自閉症など）が関係しているかもしれません。斜視の手術は3歳の時に行い、見た目の違和感はなくなりましたが、それが視力の回復につながったかどうかはよくわかりません。その後、眼鏡を作ったこともありましたが、嫌がるだけで効果がわからないまま、結局掛けなくなりました。

　なお、当時は一般的なベビーカーに座ることはできませんでしたので、補装具の1つとしてバケット型バギーを作製することになり、「身体障害者手帳」を申請することになりました。1歳で手帳を申請することは当時あまりなかったのか、すぐには許可されず半年ほど待った気がします。おそらく、特別児童扶養手当の支給などを伴うために、行政側が慎重になっていたのだと思います。手帳に記されている障害名は、「脳性麻痺による両上下肢体幹機能障害」で、等級は1級です。両上肢（両腕）も、両下肢（両足）も、体幹もすべて1級なので、最重度の障害です。なお、手帳といえばこの他に、療育手帳があります。これは、知的障害者に与えられるもので、かなり後の平成17年に取りました。こちらは、「障害の程度」という表現で等級が分か

れ、ケンイチの場合は「Ａ１」という最重度の等級になっています。肢体不自由と知的障害のように、２つ以上の障害があることを「重複障害」といい、その程度が重い場合は「重度重複障害」といいます。

　平成２年４月から「にこにこ園」には週２回通園となり、週１回は、仕事の都合をつけて父親が参加しました。その頃のリハビリ（訓練）方法は、ボイタ法を基本としており、親も一緒に子供の体を抑えたりしました。多少の苦痛も伴うものだったため、泣く子供に対して必死に「頑張れ！」と励ましました。泣き声が聞こえることで、ケンイチが来ていることがわかると周囲から言われました。

　平成３年の暮れ頃に、リハビリ方法が上田法に変わりました。上田法は、愛知県の小児整形外科医である上田正さんが開発された治療法で、脳性麻痺などに見られる筋肉の緊張を和らげるリハビリ方法です。私の理解では、あえて緊張が強い方向に筋肉を固定することによって、正常な姿勢に戻す力を引き出し、併せて緊張を和らげる療法です。ボイタ法は、基本的に痙縮を矯正しようとするために苦痛を伴いましたが、上田法はそうではなく、訓練する方も本人もある程度リラックスしてできるものでした。もちろん、この方法で麻痺がなくなるわけではありませんが、体の変形を遅らせる良い訓練方法だと思われました。私も訓練士さんから手技（やり方）を教えてもらい、自宅でもやるようになりました。６歳ぐらいまでは、続けたと思います。

■「あゆみ学園」～養護学校時代

　平成４年４月からは、南区の「あゆみ学園」へ通園しました。あゆみ学園は、基本的に歩けない肢体不自由児が通う市立の幼稚園、という性格を持っていました。年少・年中の時は週３回、年長になると週５回親子通園するシステムでした。心障センターに通っている間、私は漠然と、発育するにつれて心身の状況はよくなるだろうと思っていました。具体的には、言葉を発して話すことや、立って歩けるようになるのではないかと考えていたわけです。しかし、あゆみ学園では、子供の療育のほか、親が子供の障害を理解し受け入れることも指導してくれました。希望は持ちつつも、現実の生活で破綻が

起こらないようにサポートする施設でもあったと思います。特に職員の先生たちは、本当に親身に接してくださり、プライベートな保護者の集まりにも参加してくださいました。

　あゆみ学園通園者は福岡市全域から来ていましたが、小学生の年齢になると、重度の肢体不自由児は「南福岡」と「今津」の２つの養護学校（現在の特別支援学校）とに分かれ、入学試験はあるものの、基本的に高等部まで通うことになります。南区に住んでいても、樋井川(ひい)より北側ならば西区にある「今津」に行くことになるのですが、自宅は南側にありましたので、当時は三筑小学校に隣接した南福岡養護学校に行くことになりました。養護学校では、最寄りのバス停など、乗り降りができる場所までスクールバスでの送迎が行われます。ただ、ケンイチは首が座っていないと判定され、親の送り迎えを要求されました。当時、自家用車ではチャイルドシートに似た座位保持シートに座れるようになっていましたので、この判定には少し不満を感じました。どうやら、前年度に登校バス中に容体が急変した事例があったらしく、学校側が慎重になっていたようでした。このため、しばらくして帰りのバスだけには乗れるようになりましたが、朝は母親が小学４年生まで送っていきました。

　なお、自宅は小学１年（平成７年）の２学期までは南区の団地にありましたが、３学期に福岡病院（当時は南福岡病院）の近くの建売住宅に転居しました。それは、就学１年前から福岡病院で週に１回のリハビリを受けていたためです。あゆみ学園では、訓練士によるリハビリがありましたが、養護学校はあくまでも学校ですので、それはありません。そのため、成長期の継続的なリハビリ先を早めに見つけておく必要があったわけです。このことは、補装具などの申請のためにも必要なことでした。まず、リハビリ自体は、理学療法士や作業療法士の資格を持つ訓練士がやりますが、そのためには医師の診断が前提となります。また、車椅子など生活に必要な補装具の補助申請にも医師の診断書が必要です。ただ、実際の必要に応じて補装具申請の仲介や業者との細かな対応をしてくださるのは、訓練士なのです。また、身障者手帳を取っていても、様々な手当を継続的に受けるためには、医師の診断を

伴う現状の報告書が定期的に必要で、そのためにも継続的なリハビリの受診が必要でした。リハビリ法は、ボイタ法や上田法といった特定の方法ではなくなり、体の緊張をほぐすマッサージ的なものに変わっていきました。靴にあたる下肢装具も作りましたが、歩行訓練というよりも、足で立つ感覚を実感させる程度で終わったように思います。

　福岡病院と関わっていたのは、リハビリ以外にも、けいれんなどの薬を処方してもらうためでした。あゆみ学園に通い始めた頃は、特別の薬を服用することはなく、私はふざけ半分に「健康障害児」と言っていました。ところが、５歳頃から意識を失って全身を硬直させる「けいれん」を起こすようになり、抗けいれん剤の処方をしてもらう必要がありました。これは、いわゆる「てんかん発作」で、しばらくすると元に戻りますが、最初のうちは、親はどう対処してよいかわからず、すぐに病院に連れていくしかありませんでした。夜中に発作が出ることもあり、夜間勤務の若い医師に、普段はどの程度応答できるのかと聞かれて、どう答えてよいのか困ったことを覚えています。そのうち、ダイアップという座薬を入れて１日安静にしておけば大丈夫だとわかり、けいれんだけでは病院に連れていくことはなくなりました。とはいえ、何か異変があった場合を考えて、福岡病院になるべく近い所に住むことを考えたわけです。

　ケンイチは、手足による生活動作はできず、言葉も話さないわけですが、話しかけられると、YES・NO や感情的な反応を声の発生、顔の表情で表わすことができました。そのため、親は日常生活では、それほどコミュニケーションの不便を感じませんでした。だいたい想定される内容を話して、その反応を見れば意思は通じました。これは、親のひいき目だけではなく、ある程度関わりを持つようになった人ならわかることでした。３歳頃までは、家族以外は受け付けませんでしたが、親しく話す人には泣かないようになり、小学校低学年頃には、式典なども嫌がらないようになりました。養護学校の入学式でずっと泣いていたことが思い出されます。身体的な障害はほとんど改善しませんでしたが、このように、社会との関わりが持てるようになったことは、かなりの進歩でした。きっかけとしては、あゆみ学園での集団生活

が大きかったと思います。また、小学部低学年の時、双子の姉の音楽の授業に参加したことも、他人との関わりを広げた出来事だったかもしれません。ただ、社会性を広げていくことができたのは、何といっても12年間通った養護学校の先生方のおかげです。

　養護学校は、クラス４～５人に先生が２～３人付くようなシステムで、なるべく個々人の能力や個性にあった形で療育・教育を行っていました。運動会や学習発表会では、その成果が保護者にわかるように工夫されていました。修学旅行では、なかなか重度の子供は行けない所へ連れて行ってくれました。確か、小学生では別府杉乃井ホテル、中学ではユニバーサル・スタジオ・ジャパン、高校では東京ディズニーリゾートだったと思います。準備を含めて大変な苦労があったと思いますが、子供たちに一生の思い出を経験させたいという思いが感じられました。生徒たちはもちろんのこと、先生方も個性的で魅力的な人が多かったように思われます。ケンイチはこのような中で、他人との関わりに興味を示していった気がします。高等部卒業後は、通所施設である自立の里の「大地」と「大空」に約10年間通所しました。その間大きな体調の変化もなく過ごすことができたのも、養護学校時代の成長があったからだと思います。

■**誤嚥性肺炎にいたるまで**

　ケンイチは、苦労はしたものの、赤ん坊の時はミルクを口に含むことができました。離乳食も最初は一口ごとに泣きましたが、次第に食べられるようになっていきました。３歳頃には、私が小さく噛み切った刺身を食べるようになり、次第に他のものも私が軽く噛んだものをスプーンに盛って食べさせると支障なく呑み込むようになりました。このため、養護学校時代の食事形態は、いわゆる「きざみ食」で問題ありませんでした。水分摂取も、吸って飲むことはできませんでしたが、適量を口の中に入れてやると咽ずに飲むことができました。ジュース類のパックにストローを突き刺し、パックを押しながら口に流し込むと、それを飲むこともできました。コップに入った飲み物でも、親がいったんストローで吸ったものを指で押さえて口に移し、指を

放して流し込むという方法をとっていました。面倒なようですが、慣れてしまうと、与える方はさほど苦痛ではありませんでした。このような食事摂取の状態は、成人後も続きました。しかし、28歳頃になって食事で咽ることが多くなり、通所施設では3割程度しか食べられなくなりました。加えて咳込みが多くなり、発熱も繰り返すようになりました。このような変化は、ケンイチ自身の体の衰えで、やむを得ないことなのかなと思っていました。というのも、その頃になると、彼と同級生で体調を崩す方や亡くなる方がいたからでした。

　当時は母親の体調も悪くなっていました。長年ケンイチを抱えていたためか、股関節を痛めて歩くことも難しくなっていたのです。私は年金支給年齢には達していませんでしたが、60歳の定年を区切りに妻の人工股関節置換手術のために退職し、ケンイチの面倒を見ることにしました。このような状況のため、ケンイチの食事に関しては、咽ることを心配するよりも、何とか口に入れて栄養をつけることが大事だと考えていました。それは、ケンイチが22歳の時に肺炎で1週間ほど入院したことがあったからでした。この時は風邪を拗（こじ）らせたものでしたが、本人だけでなく付き添う私にとっても、入院は大変な苦痛でした。この苦痛を繰り返さないためにも、食べさせること、すなわち栄養をつけさせることが第一だと考えていました。これが結果的に、誤嚥を引き起こしていたようです。

　平成29年の1月末、当時通所していた施設（「大空」）から容態が悪いとの連絡を受け、引き取って福岡病院に直行しました。診断では「誤嚥性肺炎の疑い」とされ、そのまま入院となりました。その時から、ケンイチの食事はおかゆなどの流動的なものになりました。入院の期間自体は1週間あまりでしたが、その後家庭で何を食べさせたらよいのか、試行錯誤が続きました。また、週4回利用していた「大空」への通所も考えなければならなくなりました。というのも、この後、3月、7月、8月と入院を繰り返すことになったからです。福岡病院のデイケア（「ひまわり」）は週1回でしたが、4月からは週2回として「大空」を1日減らしました。しかし、夏の2回の入院により、体力的な負担や医療設備の問題から「大空」への通所は無理と思われ、

9月末に退所することにしました。その代わり、「ひまわり」に無理を言って10月から週4回にしてもらいました。食事内容は試行錯誤の結果、介護食用のパンがゆとゼリー、ヨーグルトなど特定のものだけになりました。また、多くの薬の服用や吸入器、吸引器の使用などがあるため、家族と一緒に食事をとることは難しくなりました。そればかりか、経管による栄養摂取や喉頭気管分離の手術を考えるよう、福岡病院の先生に勧められました。入退院を繰り返す負担を考えてのアドバイスでした。私は、ケンイチが頭を極端に反らせるなど、痙縮がひどいことから、施術後の傷の治癒や入浴などの介護の難しさを懸念して、すぐには話を進めませんでした。また、母親の股関節手術の翌年に、ケンイチのこのような事態が続いたため、父親の私は体力だけでなく精神的にも疲れていました。特に喉頭気管分離手術は九大でしかできないとのことで、歩いて4～5分の福岡病院に入院するのとは、付き添う側の負担が全く違ってくると考えました。

　9月に入ると、ケンイチは家で過ごすことが多くなり、見た目には元気を取り戻したようでした。「大空」への通所はできなくなっても、分離手術は免れるのではないかと思われました。事実、10月に入って「ひまわり」だけに通うようになると、特に昼食をしっかり食べるようになり、家では最低限食べさせるだけでよくなりました。しかし、この年は冬の訪れが早く、気温の変化に対応ができず、11月末にまた肺炎になりました。ただ、今回は入院ではなく、抗生剤を服用しながらの家庭療養で、治るまでに10日ほどかかりました。同じことは12月末にも起き、年越しの家庭療養でした。ケンイチにとっても、我が家にとっても大きく生活が変化した1年でした。

■喉頭気管分離手術へ

　平成30年に入った1月2日の血液検査で炎症反応の値も下がり、正月は何事もなく過ぎました。2月に入ってもしばらくは熱を出すこともなく、安定してきたかに思われましたが、下旬に熱を出し1週間ほどの家庭療養となりました。さらに4月中頃にも熱が出、抗生剤を家庭で飲み続けて10日ほどで回復しました。いつもは回復すると1か月程度は肺炎がぶり返すことはな

かったのですが、この時は、数日後にまた熱が出てしまいました。原因がよくわからないこともあり、今度は入院して治療することとなりました。ケンイチは入院すると緊張して夜もなかなか眠りませんが、この時は特につらそうな表情で、ほとんど寝てくれませんでした。とはいえ抗生剤の点滴により、炎症値は下がりましたので、連休のはざまの５月２日に退院させてもらいました。その数日後、右腕のつけ根のあたりに薄く帯状疱疹のような跡を発見しました。１年半ほど前、誤嚥性肺炎で最初に入院した後、右太ももに水泡ができ、帯状疱疹になったことがありました。私は、今回の発熱の原因は軽い帯状疱疹で、それで特に緊張が強かったと考えました。帯状疱疹は、体力と免疫力の低下によって起こります。前年からのケンイチの食事摂取を考えると、抵抗力が弱っていたことは間違いありません。喉頭気管分離について調べていた私は、手術する時期に近づいていると感じました。そこで、福岡病院の先生に、九大病院での手術を紹介していただきました。そして、５月15日に九大小児外科の先生の診断を受け、喉頭気管分離と胃ろう造設の手術を受けることとなったのです。

　手術の予定日は７月５日でしたが、実際の手術にこぎつけるまでには、いくつかの検査がありました。胃の噴門が逆流を防止できるようになっているかについては、前年に福岡病院で検査していました。食事後の胃酸の逆流がないかについてのモニター検査、および耳鼻科での嚥下状況の内視鏡撮影は、５月下旬に福岡病院に１泊して検査を行いました。ただその疲れもあってか、数日後に肺炎となり、抗生剤による自宅療養が６月半ばまで続きました。そして６月末に九大へ行き、分離手術を執刀する耳鼻科医の診断と、胃ろう造設を担当する小児外科医の血液検査を受けました。本来これらの事前検査は入院する必要があるのですが、事前に福岡病院からデータが送られているとのことで、半日で済みました。ただ大きな病院の常ではありますが、問診・検査・診断のそれぞれの間に長い待ち時間がありました。これで体調が悪くなったら、手術そのものができなくなると、気が気ではありませんでした。

　また、手術をお願いした時点で問題になったのは、付き添いのことでした。ケンイチは、体を固定させてやらなければ眠れない場合が多く、体位変換や

おむつの交換のためにも、家では父親の私が添い寝していました。足が悪い母親は、特に夜の付き添いは無理でした。福岡病院に入院した時は、夕方から翌朝までは父親、昼間は母親が付き添っていました。ところが九大病院では、原則母親の付き添いしか認めていないとのことでした。最終的には父親の付き添いを認めてもらいましたが、看護師長の了解が必要といわれ、入院直前まで気を揉みました。

　７月４日、ケンイチは九大病院に入院しました。血液検査の後、翌日執刀する耳鼻科と小児外科のほか、麻酔科の先生も加わって、どのように手術を進めるか、手術室に集まって打ち合わせが行われました。私もケンイチとともに参加し、使っている車椅子のリクライニングの状況などを説明しました。それで、まず車椅子に乗せたままで麻酔を行い、その後体の変形に合わせて固定できる手術台に移すことになりました。シミュレーションに納得したような先生たちの表情を見て、私は少し安心しました。翌日は朝一番の手術でしたので、薬を飲ませたり浣腸の始末をしたりでバタバタと過ぎ、術衣を着せて病室から送り出して待合室へ向かいました。麻酔が効いた後、喉頭気管分離で２時間、胃ろう造設で２時間の手術が行われ、手術室から出てきたのは午後３時過ぎでした。その後、ケンイチは色々な計器がつながった状態で「観察室」に移され、我々両親と対面しました。すでに声を発する機能はなく、激しい息遣いをするだけで目はうつろでした。この状況の中で、私は何ができるのだろうと、とても不安でした。その時、担当の若い男性看護師が、付き添いについて次のように言ってくれました。「寝る姿勢のことなどを教えていただければ、我々が面倒を見ます。今までずっと大変だったでしょうから、体を休める機会と考えて、しばらくご自宅で待機されてはどうでしょうか」。付き添うつもりだった私は気が削がれましたが、正直ほっとした気分になり、受け入れました。確かに状況から見て、私がいてはスタッフの邪魔になるだけでした。そこで、何かあれば連絡をもらうことにして、自宅へ帰ることにしました。帰り道では、折しも、西日本大水害をもたらす激しい雨が降っていました。

　３日後、観察室から出ることになるので付き添いをして欲しいとの電話が

ありました。そこで、翌日から私が付き添いを始め、昼間は母親が交代することにしました。ケンイチは首にカニューレを付けられて少し荒い息をしていました。手術前に肺炎になりかけていたのか、手術中の出血が肺に入ったのか、いずれにせよ肺炎を起こしているらしく、先生からは、傷の治癒と肺炎の治療を同時にやっていくと言われました。寝る時の姿勢も、抱き枕などいくつかのパッドで体を固定しなければなりませんでしたが、様々な計器が体に付いていることもあり、踵（かかと）などに褥瘡（じょくそう）、いわゆる床ずれができていました。そのためか、まだ正常な意識ではなく、瞬き（まばた）などの様子でかろうじて意思を伝えていました。声帯がなくなって声を発することができませんので、本人としても何が起こっているのか理解できなかったのかもしれません。しかしながら、心電図の線など体に付けられていたものが日ごとに外れ、胃ろうからの栄養摂取も増えていくと、少しずつケンイチの意識も正常化していき、顔の表情でコミュニケーションが取れるようになりました。喉に付けられていたカニューレも外れて、大きめのガーゼで喉の傷口を覆うだけになりました。ただ、まだ寝たきりの状態で、このまま退院するとなると、家での介護が大変だと感じました。というのも、九大からは手術後1週間で退院と言われていたからでした。これからどうなるのかと不安を感じつつも、看護師との対応などで神経を使ってしまい、時間は過ぎていきました。特にケンイチは、看護師がおむつを替えようとすると体を反らせて、うまく当てさせてくれません。結局私がやり直さないと、漏れてしまって大変なことになります。また、せっかく眠っている時にやって来られると、ますます眠りません。私も眠れませんので、結果的におむつ交換と体位変換は私がやることになります。九大では、出した尿の重さも量って記録しなければならず、かなり面倒でした。また看護師は3交代制で、メモ書きなどで対応について申し送りされているようでしたが、十分に伝わらず、同じことを何度も受け答えするのは苦痛でした。やがて1週間が過ぎる頃、担当の小児外科の先生から、肺炎を起こしたことや喉の傷口の抜糸もまだなので、週明けの17日頃に転院してください、と言われました。つまり、手術に関する一通りの処置が終われば、その後の療養や生活の訓練については別の病院で、という意味でした。

当然、紹介元である福岡病院への転院を希望しました。福岡病院も、今後の在宅での医療や介護を支援するために待っていてくれました。私は、正直ほっとしました。

　7月17日、予定通り九大から福岡病院へ転院しました。福岡病院では、車椅子に乗ることや、口から水分をとる練習から始まり、その成果は順調にあがっていきました。食事の形態も手術前のムース状から始まって、胃ろうからの栄養注入は数日後になくなり、やがておかゆときざみのおかずに変わっていきました。あれほど咽て食事を取り込めなかったのに、モグモグと食べる姿に、ブラック・ジャックの漫画を見ているかのような感じになりました。ただ、気管切開した気管孔の傷は、転院前に抜糸したものの、一部は縫い直していたため、慎重に扱う必要がありました。カテーテルで痰を吸引する時も注意が必要で、吹き出てくる痰をティッシュでふき取る際も気を遣いました。福岡病院の先生は、今年の夏は特に暑いから、在宅介護のやり方も考えながらゆっくり療養しましょうとおっしゃいました。実際、痰の吸引をはじめ、胃ろうを通しての栄養摂取や薬の注入など、親が覚えることもたくさんありました。また、退院後は今までの介護ヘルパーに加え、訪問看護師を頼む必要があり、ケアマネージャーに調整をお願いしました。ただし、8月に入ると九大の時を含めて一か月近くの入院となり、付添いの疲れもたまっていました。ちょうどその頃に退院の話が出て、福岡病院の地域連携室の調整で、退院に向けてのカンファレンス（会議）がもたれました。医療や介護に関連する人たちが一堂に会して情報を共有する会議で、介護ベッドなどハード面の公的補助についても具体的に知ることができました。この時、ひとまず退院は8月10日と予定され、家でも受け入れの準備を始めました。しかし、数日後に呼吸困難でけいれんを起こす事件が起こり、退院は伸びて14日となりました。

　退院後、従来の介護ヘルパーと訪問看護師とのスケジュール調整など、日常の体制は次第に整っていきました。ところが、朝食時に排便を催して呼吸が苦しくなることが多くなり、ついに10月の末、けいれんを起こして福岡病院に救急搬送する事態が起こりました。8月の退院直前に呼吸困難になった

時も、大量の排便があったので、同様の状況と判断できました。排便だけでなく、強い緊張があると、呼吸困難になることが多くなりました。そのため、以後は整腸剤や下剤などで排便調節を行うようになりました。また、気管孔の傷が癒えるにつれて、収縮が激しくなっていることも問題でした。そこで、術後の経過を見てもらっている福岡病院の耳鼻科の先生を通じて、九大病院の執刀医に直接見てもらうことにしました。

　12月7日、九大病院の耳鼻科を受診しました。先生は、呼吸困難になることを重く見てか、詳しい説明もなくその場でカニューレを挿入し、2月末にまた来るように、とだけおっしゃいました。しかし、ケンイチは首を後ろに強く反らす癖があり、ベッドに寝せるとたびたびカニューレが外れてしまいます。痰の出も多くなり、初めのうちは吸引を繰り返さなければならず、介護する側も、これでは疲れ果ててしまうと思われました。その点を福岡病院の先生に話して、ひとまず非常時以外、カニューレは外す選択をとりました。この頃は、色々と新しい医療行為の必要があることを知らされ、驚きの連続でもありました。例えば、胃ろうのペグ（ボタン）は毎月病院で交換する必要があり、ペグの飛び出しを抑えているバルーンの水は1週間ごとに代える必要があることなど、退院時には知らされていませんでした。手術した病院とその後の療養をする病院が違うと、患者への連絡がうまく伝わらない場合があるようです。とはいえ、8月の退院以後は介護ヘルパーと訪問看護師によって風呂にも入ることができ、福岡病院のデイサービスに通うなど、以前の生活に近づくことができました。体重も以前のピークを過ぎるまでに増加しました。ただ、気管孔の収縮を引き金にした呼吸困難は断続的に起き、平成31年に入って1月1回、2月に2回と一時的な入院をしなければならず、カニューレを使用する機会も多くなっていきました。

　2月22日、九大病院耳鼻科の検診があり、常時カニューレを入れてくださいとの指示がありました。本人が嫌がっているだけでなく、介護する方としても負担が大きくなるため、この方法はとりたくなかったのですが、仕方がありません。状況が変わるごとに対応の仕方も変えなければなりませんし、薬の種類も増えるばかりです。また、今回のようにカニューレを常時入れて

おくとなると、医療備品の必要量も変わってきます。重度障害者ですので、医療にかかる費用は基本的には無料ですが、医療備品については限度がありますし、状況の変化にすぐ対応してもらえない部分もあります。とはいえ、その後は呼吸困難で救急搬送されることはなくなり、比較的安定した日常を過ごせるようになりました。毎月のように入院の心配をしていた時期と比べれば、大きな違いです。

　今回の手術から療養にいたるまでには、しばしば理不尽に感じることがありましたが、ケンイチの場合は特殊な事情なのだから仕方がない気もします。ただ、同様の患者や家族が感じる不安や苦痛が、なるべく少なくなってほしいと願っています。

　今後は、周りの医療・介護スタッフの方々の力を借りて、安定した生活を維持できるよう努めていきたいと思っています。また、古墳巡りができることを夢見ながら……。

参考資料

■ウェブサイト

「古墳めぐりウォーキング in 福岡」 http://kofunmeguriwalking.web.fc2.com/

「装飾古墳今昔紀行」 http://blog.livedoor.jp/warabite/

「古墳とかアレ（仮）」 http://kofuntokaare.main.jp/

「大和國古墳墓取調室」（馬見古墳群調査委員会）http://obito1.web.fc2.com/

「古墳のお部屋」 http://kofunoheya.web.fc2.com/

「『ご来福』しよう」（福岡県商工部観光局観光振興課）https://goraifuku.jp/

「福岡市の文化財」 http://bunkazai.city.fukuoka.lg.jp/

「福岡県の文化財（福岡県文化財データベース）」

　　http://www.fsg.pref.fukuoka.jp/bunka/index.asp

「装飾古墳データベース」（九州国立博物館関連サイト）

　　https://s-kofun.kyuhaku.jp/

　　※トップページの「科研成果の公開」のバナーをクリックすれば、代表的な装飾古墳の
　　　VR画像などが納められた「VR画像を活用した日本装飾古墳デジタルアーカイブの
　　　構築」へ進めます。（https://s-kofun.kyuhaku.jp/kofun_flash/index.html）

「国指定文化財等データベース」（文化庁関連サイト）

　　https://kunishitei.bunka.go.jp/bsys/index_pc.html

「全国遺跡報告総覧」（奈良文化財研究所）https://sitereports.nabunken.go.jp/

■書籍

渡辺正気『日本の古代遺跡34　福岡県』保育社、1987年

ふるさとの文化遺産活用推進事業実行委員会編『ふくおか歴史彩発見』2006年

糸島地区社会教育振興協議会文化部会監修『伊都国遺跡ガイドブック』糸島新聞社、
　　2001年

吉村靖徳『ふくおか古墳日和』海鳥社、2014年

吉村靖徳『九州の古墳』海鳥社、2015年

吉田　稔（よしだ・みのる）
1955年、長崎県佐世保市生まれ。予備校講師を経て、
1987年より泰星（現上智福岡）中学高等学校教諭。
2016年、同校退職。

車椅子ケンイチの福岡近郊古墳案内

2020年3月15日　第1刷発行
2020年7月20日　第2刷発行

著　者　吉田　稔

発行者　杉本雅子

発行所　有限会社海鳥社
　　　　〒812-0023　福岡市博多区奈良屋町13番4号
　　　　電話092(272)0120　FAX092(272)0121
　　　　http://www.kaichosha-f.co.jp

印刷・製本　有限会社九州コンピュータ印刷

ISBN 978-4-86656-070-0　［定価は表紙カバーに表示］